Miyagi

宮城の教科書

大人のための
地元再発見
シリーズ

大人のための 地元再発見 シリーズ

Miyagi
宮城の教科書
CONTENTS

折り込みMAP
表 宮城県全図 35市町村網羅
裏 江戸時代初期の
　仙台城下鳥瞰図

P109 # 国語・美術・家庭科・体育

P133 # 算数

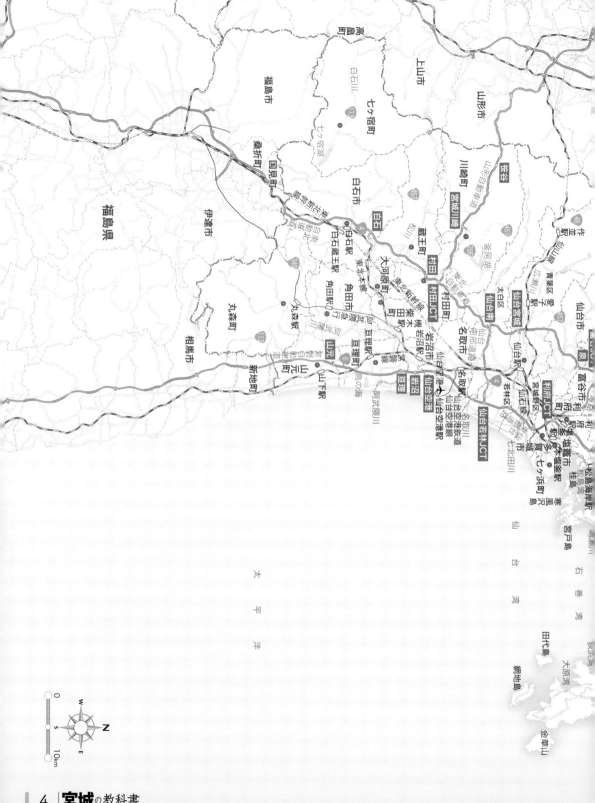

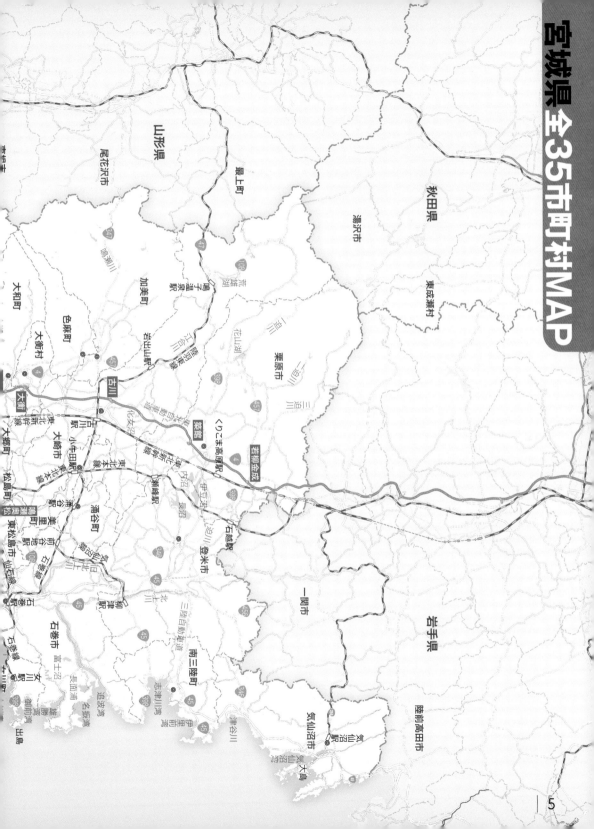

秋田県

湯沢市

東成瀬村

山形県

最上町

尾花沢市

大和町

大衡村

色麻町

加美町

岩出山駅

鳴子温泉駅

鳴瀬川

荒雄湖

雄勝

花山湖

栗原市

一迫川

迫川

二迫川

古川

古川駅

築館

くりこま高原駅

若柳金成

岩手県

一関市

陸前高田市

気仙沼駅

気仙沼市

伊里前

大崎市

小牛田駅

大郷町

大和町

松島町

東松島市

涌谷町

南郷

美里町

登米市

石越駅

柳津駅

南三陸町

志津川湾

石巻市

女川町

女川駅

追波湾

名振湾

雄勝

宮城の略年表

時代		西暦(元号)		宮城の歴史	日本の歴史
地質時代	古生代カンブリア紀	5億5000万年前		三陸の南部の土台がゴンドワナ大陸でつくられる	
	古生代石炭紀	3億2000万年前		三陸の北部の土台が海底に堆積し始める	
	中生代三畳紀	2億4200万年前		ウタツギョリュウが生息 400万年の後、クダノハマギョリュウが生息	
	中生代ジュラ紀	2億100万年～ 1億4500万年前		ホソウラギョリュウが生息	
	中生代白亜紀	1億4000万年前		三陸の南部と北部が合体	
	新生代第三紀中新世	2000万年前		日本列島がアジア大陸から分離を開始、 三陸ではリアス海岸がつくられ始める	
		700万年前		古仙台湖ができる	
	新生代新第三紀鮮新世	500万年前			日本列島が ほぼ現在の形となる
原始時代	縄文時代	6000年前頃		松島が陸地から島々に変わる	温暖化で海面が上昇
	弥生時代	前300頃			稲作技術が広がる
古代	古墳時代	3世紀後半			ヤマト政権が成立
		4世紀末		雷神山古墳(名取市)が築かれる	
	飛鳥時代	645	大化元		大化の改新
	奈良時代	710	和銅3		平城京遷都
		724	神亀元	多賀城が築かれる	
		749	天平21	小田郡(現涌谷町)で日本で初めて金が産出され、 百済王敬福が東大寺大仏の鍍金用の砂金を献上	
		752	天平勝宝4		東大寺大仏開眼
		762	天平宝字6	多賀城碑(壺碑)建立	
		784	延暦3	大伴家持が持節征東将軍に任じられ、多賀城に赴任	
	平安時代	794	延暦13		平安京遷都
		820	弘仁11	鹽竈神社が『弘仁式』主税帳に記される	
		869	貞観11	貞観大地震	
		1051	永承6	前九年の役が始まる(～1062)	
		1083	永保3	後三年の役が始まる(～1087)	
中世	鎌倉時代	1185	元暦2		壇ノ浦の戦いで平氏滅亡
		1189	文治5	源頼朝が奥州藤原氏を滅ぼす	
		1190	文治6	源頼朝が多賀国府に陸奥国留守職を設置	
		1221	承久3		承久の乱
	室町時代	1333	元弘3		建武の新政(～1336)
		1400	応永7	大崎詮持が奥州探題に任命される	
		1467	応仁元		応仁の乱(～1477)
		1522	大永2	伊達稙宗が陸奥国守護職に任命される	
		1573	元亀4／ 天正元		織田信長が足利義昭を 追放し室町幕府滅亡
	安土桃山時代	1582	天正10		本能寺の変
		1588	天正16	大崎合戦で伊達政宗が大崎義隆に敗北	
		1590	天正18		豊臣秀吉の小田原攻め
		1591	天正19	奥州仕置により伊達政宗が現在の宮城県南部に転封	
		1600	慶長5	慶長出羽合戦で最上・伊達軍が上杉軍に勝利 伊達政宗が徳川家康から「百万石のお墨付」を与えられる	関ヶ原の戦い
		1601	慶長6	伊達政宗が仙台城の築城を開始	
		1602	慶長7	片倉景綱が白石城に入城	
近世	江戸時代	1603	慶長8	伊達政宗が仙台城に入城	徳川家康が江戸幕府を開く
		1613	慶長18	支倉常長らを乗せたサン・ファン・バウティスタ号が出帆	
		1620	元和6	支倉常長が帰国	
		1629	寛永6	四ツ谷用水が完成	

時代		西暦(元号)		宮城の歴史	日本の歴史
近世	江戸時代	1671	寛文11	原田宗輔が刃傷事件を起こす(伊達騒動)	
		1689	元禄2	松尾芭蕉が奥羽・北陸へと旅立つ	
		1698	元禄11	元禄排水路が完成	
		1702	元禄15		『おくのほそ道』刊行
		1793	寛政5	若宮丸が石巻を出港し、遭難	
		1804	文化元	若宮丸の乗組員のうち4人が帰国	
		1826	文政9	仙台藩医の大槻玄沢が『重訂解体新書』を出版	
		1853	嘉永6		ペリー浦賀に来航
		1863	文久3	「わらじ村長」鎌田三之助が木間塚村に生まれる	
		1867	慶応3		徳川慶喜が政権を返上(大政奉還)／王政復古の大号令
近代	明治時代	1868	慶応4／明治元	奥羽越列藩同盟が結成される	戊辰戦争始まる／江戸城無血開城
		1869	明治2		東京遷都／版籍奉還
		1870	明治3	志賀潔が仙台で生まれる	
		1871	明治4	詩人で英文学者の土井晩翠が生まれる	廃藩置県
		1878	明治11	野蒜築港が始まる／吉野作造が生まれる	
		1894	明治27		日清戦争(〜1895)
		1897	明治30		志賀潔が赤痢菌を発見
		1901	明治34	土井晩翠作詞『荒城の月』発表	
		1904	明治37		日露戦争(〜1905)
		1910	明治43	明治排水路が完成	
	大正時代	1914	大正3		第一次世界大戦(〜1918)
		1923	大正12		関東大震災
		1925	大正14		普通選挙法が成立
現代	昭和	1934	昭和9	作家井上ひさしが生まれる	
		1938	昭和13	漫画家の石ノ森章太郎が生まれる	
		1941	昭和16		日本がアメリカ・真珠湾を攻撃し太平洋戦争へ
		1945	昭和20		天皇が「終戦の詔書」を放送
		1948	昭和23	仙台の太助で牛タン焼きが誕生	
		1963	昭和38	ササニシキが開発される	
		1977	昭和52	井上ひさし、仙台が舞台の小説『青葉繁れる』を刊行	
		1982	昭和57	東北新幹線開業(大宮-盛岡間)	
		1985	昭和60	伊豆沼・内沼がラムサール条約湿地に登録される	
	平成	1995	平成7	白石城の木造天守が復元	
		2004	平成16	東北楽天ゴールデンイーグルス創設	
		2005	平成17	蕪栗沼・周辺水田がラムサール条約湿地に登録される	
		2006	平成18	荒川静香がトリノオリンピックで金メダルを獲得	
		2008	平成20	化女沼がラムサール条約湿地に登録される	
		2009	平成21	「秋保の田植踊」がユネスコ無形文化遺産に登録	
		2011	平成23	「宮城県震災復興計画」を策定	東日本大震災
		2013	平成25	東北楽天ゴールデンイーグルスが日本一に輝く	
		2014	平成26	羽生結弦がソチオリンピックで金メダルを獲得	
		2015	平成27	石巻魚市場が再建される	
		2017	平成29	大崎耕土が世界農業遺産に認定される	
		2018	平成30	志津川湾がラムサール条約湿地に登録される／羽生結弦が平昌オリンピックで金メダルを獲得／「米川の水かぶり」がユネスコ無形文化遺産に登録	
	令和	2022	令和4	夏の甲子園大会で仙台育英学園が東北勢で初めて優勝し、優勝旗が白河の関を越える	

宮城の国宝

県内にある3件の国宝は、いずれも日本遺産「政宗が育んだ"伊達"な文化」にも登録されている。仙台藩を築いた戦国大名でありながら、文化人でもあった伊達政宗。上方の桃山文化に国際性や政宗の個性を加味した伊達な文化の一面を紹介。

❶❷❸❹❺

瑞巌寺本堂（元方丈）

天長5年（828）に慈覚大師円仁の創建と伝わる。鎌倉時代には臨済宗円福寺が建立。その後、衰退していた寺を伊達政宗が再建。典型的な禅宗寺院の方丈が現在の本堂。各部屋は使用に相応しい絵画や彫刻で装飾されている。

❶本堂完成は慶長14年（1609）。正面38m、奥行24.2m、棟高17.3m。入母屋造の本瓦葺で、10室からなる
❷本堂の中心となる部屋、室中（孔雀の間）。襖絵は狩野左京作「松孔雀図」
❸東側を狩野左京、西側を長谷川等胤が担当した板戸絵
❹瑞巌寺再建の縁起が書かれた「松島方丈記」
❺吉祥性を表す欄間彫刻の一部（写真：瑞巌寺）

❶
❷

瑞巌寺庫裡及び廊下

本堂から直角に曲がる矩折りの廊下で結ばれた庫裡は、本堂と同年に完成。「奥州の高野」といわれた霊場松島の古刹の復興は、政宗にとって善行を積むことと等しかった。畿内から招いた130余名の名工が築造にあたった。

❻庫裡とは寺院の台所。正面13.8m、奥行23.6mの切妻造

❼❽❾ 大崎八幡宮

伊達政宗の命で、慶長12年に完成した。国宝の御社殿は、入母屋造の本殿と拝殿を石の間でつないだ権現造。長押の上には極彩色の組物や彫刻が施され、その下の総黒漆塗りとの調和が見事だ。桃山様式の美を今に伝える。

❼慶長12年8月12日に遷座祭が行われたことにちなみ、毎年、同日に行われる厳かな御鎮座記念祭の様子

❽極彩色の彫刻と飾金具などの装飾が桃山の美を伝える

❾御社殿の拝殿正面は、堂々とした千鳥破風が特徴（写真：大崎八幡宮）

9

Miyagi Heritage

宮城の国立公園

県内唯一の国立公園で、宮城県、岩手県、青森県にまたがる三陸復興国立公園は、昭和30年（1955）に陸中海岸国立公園として指定され、東日本大震災の復興を目的に、2013年に区域を拡張。名称も三陸復興国立公園となった。

⑩⑪⑫⑬⑭⑮
三陸復興国立公園
さん　りく　ふっ　こう

南北の総延長は約250km。宮城県を含む公園の南部は入り組んだ地形が特徴のリアス海岸。海岸線は、入り江や岩礁海岸、砂浜など表情が豊か。海岸は海鳥の繁殖地でもあり、海域は海藻藻場や日本有数の漁場となっており、生物多様性に富んでいる。

⑩
⑪

⑩気仙沼市の南10km
にある岩井崎。石灰
岩から化石が多く産出
⑪波の浸食によってで
きた奇岩が、豪壮な入
り江をつくる巨釜
（おおがま）
⑫2015年に南三陸金
華山国定公園区域が
新たに編入された

⑬神様が崖を割ったと
いう伝説が残る神割崎
（かみわりざき）
⑭岩井崎の先端にあり、
津波で被災した姿から
「龍の松」と呼ばれる松
⑮巨釜の折石。その名
（おれいし）
は、明治29年（1896）の
津波で先端が折れたこ
とに由来する

Miyagi Heritage

宮城の特別名勝・特別史跡

特別名勝は昭和27（1952）に指定された松島。特別史跡は多賀城跡 附 寺跡で、昭和41年に指定された後、中心部の政庁跡のほか、周辺にある国司の邸宅跡と考えられる館前遺跡や製鉄炉がある柏木遺跡などが追加指定されている。

⑯ ⑰ ⑱ ⑲ ⑳ ㉑
松島
まつしま

平安時代から歌枕の地であり、江戸時代に日本三景のひとつに選ばれた松島。260余りの島々と海岸線が織りなす風景は、松尾芭蕉の『奥の細道』でも紹介され、国宝級の景観美が評価された。

⑯西行戻しの松公園から見た、桜の季節を象徴する松島湾内の風景

⑰火山灰が固まった凝灰岩と海底の砂岩などからできた松島湾の島々

⑱初日の出の風景も見事

⑲松島のシンボル五大堂と雪景色。大同2年(807)に坂之上田村麻呂が
さかのうえのたむらまろ
建立した毘沙門堂に、後に五代明王像が安置されたため五大堂と呼ばれる

⑳赤い福浦橋も美観のひとつ

㉑標高56mの多聞山にある多聞山展
たもんざん
望広場公園からは絶景が見られる

㉒
多賀城跡附寺跡
た　が　じょう　あと　つけたり　てら　あと

陸奥国に国府が置かれた8世紀後半から11世紀半ばまで、東北の政治や文化、軍事の中心を担った多賀城。築地塀で囲まれた約900m四方の中心に政庁、周囲に役所や工房、兵士の宿舎などがあった。

㉒中央の緑に囲まれた部分が政庁跡(写真：東北歴史博物館)

㉒

仙台駅

開業年月日 明治20年(1887)12月15日

●JR東日本
　東北本線
　東北新幹線
　仙石線
　仙山線
●仙台市交通局
　東西線
　南北線

Ⓐあおば通駅（JR仙石線）
Ⓑ青葉通一番町駅（地下鉄東西線）
Ⓒ大町西公園駅（地下鉄東西線）
Ⓓ国際センター駅（地下鉄東西線）
Ⓔ五橋駅（地下鉄南北線）
Ⓕ広瀬通駅（地下鉄南北線）
Ⓖ勾当台公園駅（地下鉄南北線）

宮城県庁

仙台市役所

定禅寺通

国分町

広瀬通

広瀬川

仙台城跡

瑞鳳殿

東北本線・仙山線

東北新幹線

青葉通

仙台駅（JR）

一番町

東二番町通

北地方最大のターミナル駅。1日の乗降客はJR、仙台市地下鉄を合わせると10万人を超える。現在のJR仙台駅駅舎は6代目。仙台の表玄関となる西口（中央口）側は、大規模なペデストリアンデッキで市街メインストリートに通じている。近年、駅東西をむすぶ自由通路も拡幅され、駅ナカ、駅ビル商業施設もさらに充実している。

❶エスパル仙台本館
❷錦町公園
❸勾当台公園
　こうとうだい
❹仙台市博物館
❺伊達政宗公騎馬像
❻仙台国際センター
❼青葉山公園仙臺緑彩館
❽評定河原陸上競技場

撮影：2023年4月10日

松島海岸駅

開業年月日 昭和2年(1927)4月18日

●JR東日本
仙石線

① 瑞巌寺総門
② 松島さかな市場
③ みちのく 伊達政宗歴史館
④ ザ・ミュージアムMATSUSHIMA
⑤ 松島観光協会 かき小屋
⑥ 福浦橋
　　かんらんてい
⑦ 観瀾亭
⑧ 渡月橋

宮城電気鉄道松島公園駅として開業し、宮城電気鉄道の国有化により昭和19年(1944)松島海岸駅に改称。2011年の東日本大震災により一時駅閉鎖になった が、同年5月28日に復旧。日本三景松島観光の玄関口にふさわしく、2021年完成の新駅舎のホームからは松島湾が見下ろせる。ホームの山側に東北本線の線路が走る。

翁島

高城川

五大堂

仙石線

東北本線

瑞巌寺

円通院

野々島

桂島

松島湾

福浦島

双子島

雄島

松島島巡り観光船
（発着所）

松島海岸

⑧

⑦

宮城県
松島離宮

国道45号線

仙石線

東北本線

松島海岸駅

新利府駅

開業年月日 昭和57年（1982）4月1日

●JR東日本
東北本線

東 北本線が仙台以北に延伸する際に開通した本線ルートのなごりである東北本線支線（通称利府線）の岩切—利府間にある。東北新幹線開業にともない車両基地となる新幹線総合車両センターへの最寄り駅として設置された、ホーム1面の無人駅。急勾配のためルート変更となり、隣の利府駅が昭和37年（1962）に終着駅となった。

七北田川

岩切駅

東北新幹線

東北本線（利府線）

砂押川

利府JCT

東北本線

陸前山王駅

三陸自動車道

多賀城IC

多賀城跡

キューアンドエー
スタジアムみやぎ

グランディ・21
宮城県総合運動公園

セキスイハイム
スーパーアリーナ

仙台北部道路

JR東日本新幹線
総合車両センター

イオンモール
新利府

新利府駅

利府駅

加瀬沼公園

利府塩釜IC

加瀬沼

宮城の主要駅の利用者数

古川 人員数
JR東日本………… 3582人
JR東日本（新幹線）… 1936人

泉中央 人員数
仙台市地下鉄… 2万565人

大船渡線 ┄┄ 大船渡線BRT

鳴子温泉

東北新幹線
東北本線
陸羽東線
小牛田
前谷地
柳津
石巻線
女川
古川
仙石線
石巻
松島
仙山線
泉中央
仙台
名取 … 仙台空港アクセス線
仙台空港
白石
阿武隈急行線
常磐線

0 10km

気仙沼
気仙沼BRT線

気仙沼 人員数
115人 ……… JR東日本
103人 ……… JR東日本（BRT）

石巻 人員数
2492人 ……… JR東日本

宮城県の鉄道は、
大動脈である東北本線と
東北新幹線が県を南北に貫き、
仙山線や陸羽東線、
仙石線、石巻線などが
東西に走っている。
東日本大震災により
甚大な被害を受けた
気仙沼線（柳津-気仙沼間）、
大船渡線（気仙沼-盛間）は、
BRT（バス高速輸送）システムで
運行している。

仙台空港 人員数
2911人 … 仙台空港鉄道

仙台 人員数
JR東日本………… 6万7626人
JR東日本（新幹線）… 1万4494人
仙台市地下鉄……… 4万3898人

（註記）
JR東日本は2021年度の1日平均の乗車人員数
（降車の人員などは含まない）
仙台市地下鉄は2021年度の1日平均の乗車人員数
（降車の人員などは含まない）
仙台空港鉄道は2021年度の1日平均の乗降人員数

理科

社会

国語

美術・家庭科・体育

算数

5億年をかけて南半球から北上した三陸の大地の成り立ち

古生代ペルム紀に
形成された岩井崎の
石灰岩地帯▶

三陸の大地の特色

　三陸の大地は、大きく2つに分類される。北上山地のほぼ中央にあたる岩手県の早池峰山（はやちね）と釜石を結ぶラインの北側は北部北上帯、宮城県を含む南側は南部北上帯と呼ばれる。北部北上帯は、ジュラ紀（2億100万年〜1億4500万年前）の付加体からなる一方、南部北上帯は、さらに古い三畳紀や古生代の地層でできている。その理由は、5億年にわたるプレート移動にあった。

ゴンドワナ大陸からの歴史

　5億5000万年前、地球上の陸地の約65％は、ゴンドワナ大陸で占められていた。南半球に位置していたゴンドワナ大陸は、現在の

三陸誕生までの流れ

●は南部北上帯
●は北部北上帯
━は赤道

5億5000万年前

◀ゴンドワナ大陸の北側の端で三陸の南側にあたる南部北上帯の土台となる岩石がつくられ、その上に砂や泥が堆積し始めた

3億年前

◀南部北上帯は、サンゴなどが生育する赤道付近に移動。マグマ活動の活発化によりゴンドワナ大陸から分離した

1億8000万年前

◀北部北上帯が、パンサラッサの海底で堆積し始め、1億8000万年前にパンゲア超大陸の東端に付加した

2300万年前〜現在

北アメリカ
アジア
アフリカ
南アメリカ

◀1億4000万年前に南北の北上帯は合体。日本列島がアジア大陸から分離し始めると、一体となって現在の場所に

（参考：三陸ジオパーク推進協議会「三陸ジオBOOK」）

宮城県の地質

0　　20km

○ 沖積層
● 第四紀の火山岩
● 第三紀・第四紀の堆積岩
● 花崗岩
● 古生層・中生層

▲●色の部分がゴンドワナ大陸時代の中・古生層の砂岩や粘板岩、礫岩や石灰岩からなる。●色は新第三・第四紀の堆積岩で、●色は第四紀の火山岩、○色は200万年前以降の沖積層でできている（参考：東北地質調査業協会「宮城県の地質」）

南アメリカやアフリカや南極、オーストラリアなどの大陸とインドやマダガスカル島が集合する巨大な大陸。のちに三陸の南側となる部分（南部北上帯）は、ゴンドワナ大陸の北側に位置し、のちにオーストラリアになる部分に隣接していたとされている。

3億年前、プレートの移動によって、現在の北アメリカ大陸やユーラシア大陸などが、ゴンドワナ大陸と衝突・集合し、パンゲア超大陸が誕生した。これは、地球の歴史上、唯一、大陸がひとつにまとまった時代だ。

一方、三陸の北側にあたる北部北上帯は、約3億2000万年前から、赤道付近にあったパンゲア超大陸を取り囲む大洋パンサラッサの海底で堆積し始めたとされている。

そして、1億8000万年前、さらなるプレートの移動にともない、北部北上帯は、北上して大陸の東縁に付加した。その地層には、2億5000万年前、地球上で起きた生物大量絶滅時の海洋環境が見られる。

北部北上帯と南部北上帯は、1億4000万年前、その頃形成し始めたシベリアや南アジア大陸を含むローラシア大陸の東の端で衝突し、大陸に付加した。それによって、ほぼ現在の位置関係に落ち着いたとされている。

地質時代の白亜紀が終わって古第三紀に入る6600万年〜3000万年前に、ローラシア大陸は北アメリカ大陸やアジア大陸などに分裂。南北の北上帯は、2500万年前までは、アジア大陸の東端にあったが、2000万年前頃から日本が大陸から分離を開始すると、三陸の大地は、隆起したり、浸食したりし、一部がリアス海岸（☞P28）を形成しながら現在の姿になった。

ジュラ紀 若木浜
▲大島の北東部にある若木浜からは、1億5000万年前のジュラ紀に生息していた巨大アンモナイトの化石が発見された

ペルム紀 御伊勢浜
▲地盤沈下や津波で砂浜が消失したが、御伊勢浜では、2億5500万年前のペルム紀に堆積した泥の地層が見られる

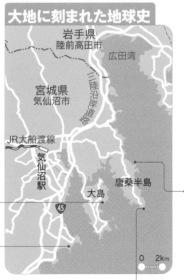

大地に刻まれた地球史

岩手県
陸前高田市

広田湾

宮城県
気仙沼市

三陸沿岸道路

JR大船渡線

気仙沼駅

45

大島

唐桑半島

0　2km

ペルム紀 折石（おれいし）
▲唐桑半島にある折石は、2億6000万年前のペルム紀の石灰岩でできた奇岩で、高さは16m、幅は3mもある

三畳紀 御崎（おさき）
▲唐桑半島先端の御崎では、2億5000万年前の三畳紀に海底に堆積した地層や、その後隆起した海食棚が見られる

東大寺の大仏に使われ、奥州藤原氏の財源を支えた宮城の砂金のルーツをたどる

日本初！　涌谷町の砂金

　日本地質学会が選定する、各県の鉱物、岩石、化石のうち、宮城県の「鉱物」として選ばれているのが、「箟岳、涌谷の砂金」だ。涌谷町箟岳付近は、天平21年（749）に日本で最初に金が発見された地。その情報は、今の奈良県東大寺の大仏建立の勅を発した聖武天皇のもとに届いた。金を輸入に頼る天皇にとってはまたとない朗報だった。涌谷町の砂金は、さっそく東大寺の廬舎那仏に献上された。『続日本紀』によれば、陸奥国府から平城京に届いた砂金は、900両（約13.5kg）。大仏の頭部を鍍金するには十分の量で、廬舎那仏の鍍金は無事、天平宝字元年（757）に完了した。

　以降、宮城県北部から岩手県南部の「みちのく」は、砂金採りに沸いた。平安時代には、岩手県の中尊寺金色堂に代表される平

◀涌谷町にある、史跡公園黄金山産金遺跡。日本初の産金地の跡地にある（写真：涌谷町教育委員会）

泉黄金文化の一端を担い、気仙沼市の鹿折金山は奥州藤原氏の繁栄を支えた。江戸時代には、鹿折金山に近い岩手県南部の玉山金山も開発され、仙台藩伊達政宗の財政を支援。

　そして、明治37年（1904）、鹿折金山で巨大な金塊「モンスターゴールド」が採掘された。重さ2.25kg、金の含有率83％の金塊は、当時としては世界最大級の金鉱石だった。

　鹿折金山のほか、同じ気仙沼市にある大谷鉱山など、宮城県北部から岩手県南部にかけては、90以上の金山跡がある金山密集地帯となっている。この地域は昭和にいたるまで、日本版ゴールドラッシュの現場となり、数々の寺社や鉱山跡がその歴史を今に伝えている。

　これらの金にまつわる文化財をつなぐストーリーは、「みちのくGOLD浪漫」として文化庁の日本遺産に登録された。

数億年前の地層が生んだ金

　なぜこの地域が金を有していたのだろう？

　金鉱石は、山金と砂金に分類されるが、特に

◀モンスターゴールドは、発見された年にアメリカのセントルイス万国博覧会に出展された後、行方不明に。左は残っていた6分の1の金（写真：産業技術総合研究所地質標本館）

玉山金山跡に代表される気仙沼周辺の金は砂金。沢や川にある砂のような自然金が多い。

その砂金を含む地層が造られたのは、4億5000万年〜1億年前にさかのぼる。一帯には、4億5000万年前にマグマが冷え固まったときにできた「氷上花崗岩」と呼ばれる花崗岩が分布している。マグマが地下の深いところで、ゆっくり時間をかけて冷え固まったために、ペグマタイトと呼ばれる大きな結晶の花崗岩が造られた。花崗岩の結晶の中には、石英や白雲母、カリウム長石などの鉱物があり、その石英に多くの金が含まれていたのである。花崗岩でできた地層は、雨や風で風化し、浸食され、洗われた砂金が川に流れたのだ。

水の約19倍の重さがある金は、川底に溜まるため、人々は川や沢から砂金を採り出すことができた。採算性の問題で、現在は採掘こそ行われていないが、地下にはまだ膨大な金が眠っている。

「みちのくGOLD浪漫」の文化財

日本遺産「みちのくGOLD浪漫」のストーリーに登録された数多くの文化財のうち、代表的なものを紹介する

平泉中尊寺と鹿折金山跡までの直線距離は約40km。鹿折金山の北にある岩手県南部の玉山金山跡などからも、多量の金が中尊寺へもたらされた

岩手県陸前高田市にある玉山金山跡までは、宮城県の鹿折金山跡から直線距離で約12km。界隈は金鉱密集地域だ

岩手県

玉山金山跡・

中尊寺卍
一関・
・気仙沼

宮城県

▲田束山
・南三陸

涌谷
石巻・

多賀城跡

金華山

仙台

0 10km

▲鹿折川上流に位置する鹿折金山跡。モンスターゴールドの産出で、みちのくの金山の名を一躍世界にとどろかせた（写真：気仙沼市観光課）

▲岩井崎は岩の割れ目から高く噴き上げる潮で有名。古生代の地質がむき出しになっており、金脈を探す指標の地質のヘリが見られる

▲日本初の金の産出により、聖なる山とされた箟岳山にある箟峯寺。1250年前の創建で、現在も殺生禁断の聖域が守られている

▲国の史跡にもなっている黄金山産金遺跡の全景。右下には入り口に立つ「金の鳥居」が見える（写真：涌谷町教育委員会）

▲産金を記念して建てられた仏堂跡に立つ黄金山神社。近世まで金を産出する山自体が御神体だったと伝わる（写真：涌谷町教育委員会）

▲田束山には、奥州藤原氏が祈りの拠点とした三ヶ寺（清水寺、寂光寺、金峰寺）を造営。山頂には11基の経塚がつくられた

▲モンスターゴールド産出の翌年に採掘が始まり、昭和51年（1976）まで操業が続いた大谷鉱山の跡（写真：道の駅「大谷海岸」）

三畳紀からジュラ紀にかけて、南三陸町は、魚竜のパラダイスだった！

デボン紀から白亜紀末まで
生息したアンモナイトの化石
（写真：南三陸町教育委員会）▶

世界最古の魚竜化石

2011年3月11日、東日本大震災の大津波で壊滅的な被害を受けた南三陸町。平成2年（1990）に町おこしの拠点として建てられた魚竜館も例外ではなかった。しかし幸い、貴重な標本の流出は免れた。その標本こそ、この地で発見された魚竜の化石や露頭＊などだ。

南三陸町には、古生代のペルム紀から中生代の三畳紀とジュラ紀までの地層が広く分布している。三畳紀の地層が町の半分を占めるといい、特に歌津館崎から志津川細浦までの海岸沿いでは、地層観察に適した露頭が見られる。

昭和45年（1970）に、この海岸の2億4200万年前にあたる前期三畳紀の地層から見つかったのが、ウタツギョリュウことウタツサウルスの化石だった。ウタツギョリュウは、魚竜のなかでも最も古い時代の生物で、頭が短くて小さく、胴は細長く、前後のヒレの大きさが同じで、長い尾部や尾ヒレを持つのが特徴だ。ほかの魚竜と比べて陸生爬虫類に近く、陸上を歩く脊椎動物と魚竜との中間的な特徴を持ったとされる。化石から、その体長は約1.4mと推測されているが、3m近い個体も発見されている。浅い海の海底で、敏捷に動いてエサを探したと考えられているウタツギョリュウは、世界最古級の魚竜化石で、日本地質学会が選定する宮城県の「化石」に登録された。

昭和60年に管の浜で見つかったのが、クダノハマギョリュウだ。ウタツギョリュウより400万年ほど新しい、中期三畳紀の初期に生息していた魚竜。

魚竜の生息時期

	地質時代	地球上の出来事	宮城県に生息した古代生物
258万年前	第四紀	ホモ・サピエンスの出現	
2300万年前	新第三紀	人類の誕生	
6600万年前	古第三紀	巨大隕石の衝突 恐竜の絶滅	
	白亜紀		この時期の終わり頃まで、アンモナイトが生息
1億4500万年前	ジュラ紀	被子植物の出現 鳥類の出現	ホソウラギョリュウが生息❹
2億100万年前	三畳紀	哺乳類・恐竜の出現	後期にモノティスが生息❸ 中期にクダノハマギョリュウが生息❷ 前期にウタツギョリュウが生息❶
2億5200万年前	ペルム紀	生物大量絶滅	
2億9900万年前	石炭紀	爬虫類や裸子植物が出現	
3億5900万年前	デボン紀		アンモナイトが生息

◀南三陸町で発見された生物化石と地質時代を表した表。三畳紀からジュラ紀に集中して魚竜が生息していたことがわかる。魚竜の化石は、日本では南三陸町でしか見つかっていない

　＊露頭とは、地層や岩石が、土壌や植生に覆われることなく、直接露出している場所のこと

同じ三畳紀の地層がある皿貝_{さらがい}では、二枚貝のモノティスの化石も見つかっている。この化石をモノティスと断定したのは、地質調査にきていた、ナウマン象にその名を残すドイツの地質学者エドムント・ナウマンだった。この場所では数多くの化石が発見されており、モノティス化石は県の天然記念物に指定されている。

最初に見つかった魚竜化石

昭和27年に、細浦湾東岸にある、2億100万年〜1億4500万年前のジュラ紀の地層から見つかったのが、ホソウラギョリュウの化石だ。この化石の発見まで、アジア地域では魚竜化石が発見されていなかったため、当初は化石の正体がわからなかったという。判明

したのは、40年近くも後の1990年代のこと。全長5mを超える巨大な魚竜だったと推測されている。

これまでに日本で発見された魚竜の化石は、南三陸町で見つかったこれらの3種のみ。いかに貴重な発見だったかがわかる。

また細浦海岸のジュラ紀の地層からは、二枚貝化石の1種であるトリゴニア(三角貝)の化石も見つかっている。ほかにも、南三陸町では、古生代デボン紀から中生代白亜紀の終わりまで生息していたアンモナイトの化石が出土している。

震災前に歌津館に保管展示されていた化石類の一部は、現在、菅の浜にある直売所「みなさん館」内の「みなみさんりく発掘ミュージアム」で見ることができる。

❸モノティス
二枚貝の一種。殻は楕円形や半円形で、複数の化石がまとまって産出されることで知られる(写真：南三陸町教育委員会)

魚竜化石等発見地
0 1km
気仙沼市
南三陸町
皿貝
細浦
歌津
菅の浜
名足漁港
歌津崎

▼歌津館崎で見つかった化石を元に復元したウタツギョリュウの全体像(復元イラスト：徳永万結花 画像提供：東北大学総合学術博物館)

❷クダノハマギョリュウ
奥歯が太く、肩甲骨や烏口骨が半円形という特徴をもつ。体長1.5mほどだったと推測されている(写真：南三陸町教育委員会)

❹ホソウラギョリュウ
発見されたのは目先からクチバシの根本3分の1ほど。そこから推定される全長は5m以上(写真：南三陸町教育委員会)

❶ウタツギョリュウ
陸上で恐竜が栄えていた時代に、海で繁栄した魚竜のグループに属する。10個ほどの化石が発見されている(写真：南三陸町教育委員会)

連なる断崖と入り江……
景勝地・三陸海岸を生んだ
地殻変動と海面上昇

リアス海岸の特徴が
顕著な唐桑半島中部の巨釜▲

リアス海岸の誕生

三陸海岸は、青森県八戸市から宮城県牡鹿半島にいたる約600kmに及ぶ海岸線。陸奥、陸中、陸前の3国にまたがることから"三陸"と呼ばれる。

そのうち、岩手県宮古市を境に北部と南部では、海岸のありようが全く異なっている。その境目は、ほぼ北部北上帯と南部北上帯（☞P22）の境界線にあたる。

北部は、海面下にあった平坦な海底が、地殻変動による隆起や海水面の変動によって現れた海成段丘が発達した隆起海岸。海底の平らな海成段丘が隆起したため、北部の海岸線は、断崖の上に平地が広がる。

一方の南部は、沈水によって生まれたリアス海岸となっている。そもそもリアス海岸とは、スペイン語で入り江を意味するriaの複数形で、多くの入り江が続くスペイン北西部のリアスバハス海岸に由来する。背後に山地が迫っているため平地が少なく、入り江の奥は、波が穏やかで、天然の良港となっている。それゆえに津波が押し寄せると海水面が急激に高まる可能性があり、地震の際は注意が必

◀気仙沼沖上空から三陸海岸のリアス海岸を見下ろした風景。いくつも連なる入り江は、かつて陸地だったV字谷からつくられた

広田湾*には、気仙川などからミネラル豊富な水が流れ込む

気仙沼湾と湾内にある大島もリアス海岸の特徴が顕著

志津川湾や伊里前湾がある南三陸町は、リアス海岸のため、津波の影響を受けやすい

リアス海岸特有の屈曲を描く海岸線が見られる唐桑半島。古い地層もむき出しに

岩手県の碁石海岸の奇岩も、沈水現象で現れた見事な景観

＊ 広田湾は、岩手県との県境にあり、最大水深56m。気仙川や周囲の山地がもたらす栄養分に恵まれ、穏やかな入り江であることから、優良なカキの養殖場となっている

要となる。

中・古生代の古い地層からなる南部北上帯では、地質時代第四紀（258万年前）の初めころから河川が陸地を浸食して深いV字谷がいくつもつくられた。その後、氷河期と間氷期が繰り返されるなか、海進や海退も繰り返され、最後に海水面が上昇したことで、陸地の谷が水没してリアス海岸が誕生した。沈水前に海の近くにあった谷は入り江となり、尾根は岬となって残ったのである。もとは陸上にあり、海面下に没した谷は「溺れ谷」と呼ばれ、それらは海底に続いている。

松島の成り立ち

牡鹿半島の北西にある松島湾は、260余りの島々が浮かぶ多島湾と呼ばれるエリア。この島々は、火山灰が固まった凝灰岩と、海底

の砂が溜まってできたシルト岩や砂岩でできている。2300万〜260万年前につくられた地層で、非常にやわらかく浸食されやすい特徴をもつ。

いまから2〜3万年前まで、この地域の海水面は、現在より100〜120mほど低く、松島湾一帯は陸地が多かったとされている。そして、最終氷河期以降の7000年前に、縄文海進と呼ばれる海面上昇が始まると、徐々に海水面が高くなり、6000年ほど前には、現在のように陸地が海に覆われることに。そして、水没をまぬがれた峰などが島として残った。日本三景のひとつ、松島の美しい景観は、三陸の海岸線を風光明媚にしているリアス海岸同様、海面上昇の賜物だったのである。

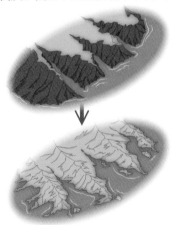

三陸海岸の成り立ち

▶南部は河川が陸地を浸食して何本ものV字谷が形成された後、海面上昇により、海が陸地に侵入し、陸地が沈水。現在のようなリアス海岸の景観が誕生した

数十万〜数万年前 / 現在

昔の海水面 / 海成段丘 / 昔の海水面 / 現在の海水面 / 砂浜 / 堆積物 / 岩盤 / 隆起

▲北部に見られるのは、数十万〜数万年前まで海面下にあった平坦な海底が徐々に隆起し、地上に現れた海成段丘だ。三陸海岸北部一帯に見られる

▲三陸復興国立公園内にある、唐桑半島の中央部に位置する滝浜漁港の北側は、写真のような岩礁地帯が連なる

▲松島湾を上空から見た風景。海水面の上昇により、広い範囲の陸地が水没した

およそ**1000万年**の間に 海底、陸地、湖、海の時代を 経てきた**仙台平野**

霊屋橋の河原にある、セコイア類の化石木（写真：仙台市科学館）▲

米どころ仙台平野

仙台平野は、東を仙台湾、南を阿武隈山地、西を奥羽山脈、北東部を牡鹿半島から続く北上山地に囲まれた広大な平野だ。県中央部の松島丘陵を境に北側が仙北平野、南側が仙南平野と呼ばれる。

北上川や阿武隈川、鳴瀬川など多くの川の下流域に発達した一帯は、それらの川によって運ばれた堆積物が生んだ肥沃な沖積平野でもある。耕地面積の8割が水田ともいわれる、まさに天然の用水路をもつ仙台平野。平地は東北地方有数の米作地帯、丘陵地は果樹や野菜栽培が盛んな農地となっている。

▲霊屋橋の北側にある評定河原大露頭は、上から泥岩や砂岩からなる大年寺層、その下に凝灰岩からなる向山層、最下層に竜の口層の3層が重なる様子が見て取れる

肥沃なだけでなく、低湿地帯が多いことで知られるが、それもそのはず、この一帯には、古仙台湖と呼ばれる湖があった。

古仙台湖から海の時代を経たおよそ1000万年の歴史

それまで海底にあった東北地方は、およそ1000万年前から、奥羽山脈を中心に隆起を始めて陸化し、火山活動も活発化した。このとき噴出した火山灰が堆積したところが、やがて陥没。そこに水がたまり、700万年ほど前に現れたのが広大な古仙台湖だった。その湖は、北は七北田から中心部の白沢を経て南の秋保まで広がっていたと考えられている。

古仙台湖

◀700万年ほど前の古仙台湖の位置が紫色部分。火山灰が堆積してできた凝灰岩の地表が陥没したところに水がたまったとされる
（参考：地学団体研究会仙台支部「仙台地学ハイキング」の「古仙台湖（白沢層）の広がり」）

古仙台湖中心部の白沢付近は、白沢層と呼ばれる湖成層で、植物や昆虫の化石が見つかっているが、広瀬川沿いの白沢付近では、植物化石は見当たらない。それは、白沢付近が湖の中央に位置し、植物の生育がなかったためと推測されている。一方、周辺の岸辺だったあたりには、クルミ属やハンノキ属など、冷温帯性落葉樹の植物化石が多く見られる。

さらに600万〜500万年前、奥羽山脈の東側に海が入り込んできた。それを証明するのが、竜の口渓谷周辺の竜の口層という海成層に見られる貝類の化石だ。ハマグリやアサリ、ホタテガイのほか、クジラやイルカ、サメなどの化石も見つかっている。

海は再度、引き始め、広大な低湿地帯や氾濫原を出現させた。このときに堆積した陸成層の向山層と呼ばれる地層からは、スギ科の常緑大高木のセコイアや落葉高木のメタセコイアなどの巨木のほか、ブナやコナラなどが生育する豊かな森があった証拠が多く発見されている。

しかし、400万年ほど前に起きた大火砕流によって森林は消滅。霊屋橋（おたまやばし）近くには、大火砕流でなぎ倒された化石林があり、「霊屋下セコイヤ類化石林」として仙台市

指定の天然記念物となっている（P30右上の写真）。広瀬川の周辺では、およそ1000万年の間に海底から陸地となり、湖を経て、海の浸入と後退を繰り返した、仙台平野の足跡を垣間見ることができる。

◀仙台城本丸の南側にあり、約3kmに及ぶ竜の口渓谷。入り口付近で地下約40m、最深部は約70mに達する深い渓谷で、貝類やクジラ、植物などの化石を見つけることができる

◀広瀬川は、奥羽山脈の関山峠付近に水源をもち、白沢を経て仙台市内で名取川と合流した後、仙台湾に注ぐ。全長約45kmのうち、写真は下流域の風景

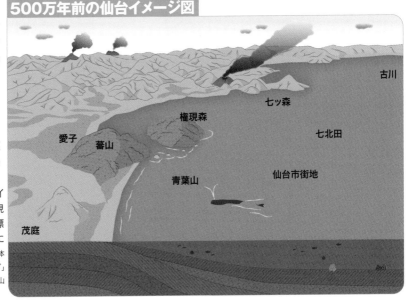

500万年前の仙台イメージ図

古川

七ッ森

権現森

七北田

愛子　蕃山

青葉山　　仙台市街地

茂庭

▶500万年前の仙台付近のイメージ図。標高314mの権現森は島だったと推測される。標高約200mの青葉山は、海に沈んでいたようだ（参考：地学団体研究会仙台支部「仙台地学ハイキング」の「竜の口の海」時代の仙台付近、八木山放送局ネット）

動植物から魚竜化石まで
次世代へ繋げたい宮城の宝
国指定天然記念物

花山のアズマシャクナゲ自生北限地帯（栗原市）▲

28の国指定天然記念物

　天然記念物とは、日本列島の成立を表す地質現象をはじめ、日本固有種などの動植物、古代生物の化石など、日本の自然史としての意義を有するものである。国指定の天然記念物は、文化財保護法により指定される文化財で、宮城県には28件ある。

　天然記念物のなかでも特に重要なものは、特別天然記念物に指定される。宮城県では「鬼首の雌釜、雄釜間歇温泉」（大崎市）が唯一の特別天然記念物。かつては、2〜5時間おきに雄釜では7〜10m、雌釜では1〜2mの温泉が噴出していたが、現在はすでに自噴が停止している。

▲昭和42年（1967）に天然記念物に指定された「伊豆沼、内沼の鳥類およびその生息地」。全国有数の鳥類生息地、渡来地として知られ、2023年1月にはガン類など、35万羽以上の野鳥が飛来した

　宮城県の天然記念物を地質鉱物、動物、植物に大別すると、植物が15件と最も多い。大崎市の「祇劫寺のコウヤマキ」や柴田町の「雨乞のイチョウ」などの巨木・古木だけでなく、白石市の「ヨコグラノキ北限地帯」や南三陸町の「椿島暖地性植物群落」など学術上貴重なものも指定されている。

　動物の分野は7件。「伊豆沼、内沼の鳥類およびその生息地」（☞P37）のような鳥類に関するものが3件、「横山のウグイ生息地」（登米市）のような魚類に関するものが2件、ゲンジボタル生息地が2件という内訳。伊豆沼などに飛来するガンは県鳥にも指定され、県民に愛されている。

　6件ある地質鉱物分野のなかでも圧巻の景観で人気を集めているのが、「小原の材木岩」（白石市）。白石川の左岸にあり、高さ約100m、長さ約200mに石英安山岩、角閃石に属する岩脈が続く。さまざまな柱状節理がそびえ、材木を立て並べたように見えることから名付けられた。

　また、「歌津館崎の魚竜化石産地及び魚竜化石」（南三陸町）は、世界最古級の魚竜類であるウタツサウルスの化石が発見された場所で、恐竜好きの注目の的だ。右ページでは、宮城県の主な国指定天然記念物を紹介する。

魚取沼のテツギョ生息地 (加美町)

テツギョとは、フナの突然変異とされる魚で、ヒレが長いのが特徴。魚取沼では群れをなしており、全国的にもまれである

陸前江ノ島のウミネコおよびウトウ繁殖地 (女川町)

牡鹿半島の東に位置する江ノ島列島は、ウミネコ、ウトウの集団繁殖地。ウミネコは4〜6月に繁殖し、8月に島を去る

イヌワシ繁殖地 (石巻市)

大型の猛禽類であるイヌワシは、種としても国の天然記念物に指定されている。石巻市では、狩場の整備などを行っている

苦竹のイチョウ (仙台市)

樹齢1200年以上といわれる古木。根の一種である気根が乳房のように垂れ下がっている姿から「乳イチョウ」とも呼ばれる

青葉山 (仙台市)

温帯林と暖帯林との接触地帯である東麓が天然記念物に指定され、高等植物約700種、コケ植物約140種が自生する

鹽竈神社の鹽竈ザクラ (塩竈市)

鹽竈ザクラは、サトザクラ系の八重桜で40〜60枚の花弁をつける。平安時代後期の堀河天皇の歌にも詠まれたほど古い品種

姉滝 (仙台市)

名取川上流の滝で、高さは約16m。かつては甌穴と滝が結合した珍しい形であったが、崩壊により往事の姿は見られない

歌津館崎の魚竜化石産地及び魚竜化石 (南三陸町)

海岸に露出する中生代三畳紀(約2億5000万年前)の地層(大沢層)から、昭和45年に魚竜の化石が発掘された

十八鳴浜及び九九鳴き浜 (気仙沼市)

大島北東部の十八鳴浜と唐桑半島西部の九九鳴き浜は、ともに鳴砂の浜。ジュラ紀後期の地層などから出た石英粒を多く含む

球状閃緑岩 (白石市)

花崗閃緑岩を母岩に角閃石、斜長石などが円状に結晶した岩。菊の花のような模様をしていることから「菊面石」ともよばれる

特異な地形や紅葉、高山植物……。多くの人を魅了する絶景が広がる国定公園

冬の蔵王で
見られる樹氷。別名は
スノーモンスター▶

蔵王国定公園

　国定公園とは、国立公園＊に準じる景勝地のこと。自然公園法に基づいて環境大臣が指定し、都道府県が管理しており、宮城県には2カ所の国定公園がある。

　そのひとつ、蔵王国定公園は蔵王連峰一帯と面白山一帯の火山群を中心に、宮城県と山形県にまたがって広がる山岳公園。蔵王連峰は、主峰の熊野岳（1841m）や刈田岳（1758m）などで構成され、県内では比較的新しく100万年前以降に活動していた火山群である。

　公園のシンボルは、熊野岳の南東に位置し、エメラルドグリーンの水をたたえる「御釜」。火山群のひとつの五色岳が噴火した後に水が溜まってできた火口湖で、直径は約330m、最大水深は約30mある。水面から十数mの深さで水温は2℃まで下がり、それより深くなると水温が高くなるという、珍しい性質をもつ。湖水はpH3台と強酸性のため、湖に生物は生息していないが、周辺にはコマクサやリ

▲高山植物の女王とよばれるコマクサ。宮城県では蔵王にのみ自生する

◀刈田岳から望む御釜。湖の後方左側にそびえるのが熊野岳、湖右側が五色岳

＊国立公園とは、後世に伝えるべきすぐれた自然景観、野生の動植物、歴史文化などの魅力をもった場所のことで、国が指定・保護・管理している

◀錦秋の栗駒山。中央登山道の標高1500m付近から山頂を望む絶景
▼（上）6月上〜中旬、雪解け後の栗駒山で可憐な花を咲かせるヒナザクラ
▼（下）6月から咲き始めるサラサドウダン（更紗）の花。更紗模様に似ていることから名付けられた

ンドウ、ハクサンチドリ、ガンコウランなどの高山植物が数多く自生している。

栗駒国定公園

栗駒国定公園は、宮城県北西部のほか山形・岩手・秋田の四県にまたがり、栗駒山を中心とした栗駒地域と、焼石岳を中心とした焼石地域の2つに分かれている。

栗駒地域では、標高500〜1000mあたりではブナを主とした広葉樹林が広がっている。1100m付近からミヤマナラなどの亜高山帯落葉広葉樹林の群落が始まり、草本帯＊と入り交じりながらハイマツなどの低木林に移行して頂上まで続く。標高1400m付近から頂上にかけては小さな高山植物も自生している。また、栗駒山南麓に広がる湿原「世界谷地原生花園」では、ミズバショウやニッコウキスゲなどの花々を楽しむことができる。

こうした高山植物を目的に5月下旬から7月にかけて訪れる人も多いが、ハイライトは日本一ともいわれる紅葉のシーズンである。9月中〜下旬に栗駒山の山頂付近から色づき、山腹、山麓へと広がって山全体が黄・橙・茜・紅色などに染まる。その光景は「神の絨毯」ともいわれ、10月中旬までのシーズン中は、多くの観光客が絶景と、栗駒山周辺に点在する温泉を目当てに訪れる。

また栗駒地域には、特別天然記念物のニホンカモシカをはじめ、ツキノワグマやホンドオコジョ、ヤマネなどの哺乳類が生息するほか、数十種類の野鳥も確認されている。

複雑多様な地形を有する宮城県を象徴するような風光明媚な2つの国定公園。どちらも観光地として整備されており、気軽に絶景を楽しむことができる。

＊ 草本帯とは、高山帯の下部にあたり、主として草本植物が生育する地帯。
草本植物とは、1年〜数年の間に発芽から開花、結実、枯死する植物のこと

渡り鳥は宮城を目指す！
越冬する鳥たちの楽園
ラムサールトライアングル

ガンの到来は
宮城県の
冬の風物詩▶

冬鳥が訪れる宮城県北部

　日本の野鳥の多くは、季節によって生息地を変えている。その移動距離は山地から平地といった短いものから、北海道から本州、海外から日本など遠いものまでさまざまだが、一般的に日本と海外とを移動する鳥が「渡り鳥」と呼ばれている。

　渡り鳥のなかでも冬に日本を訪れる鳥は「冬鳥」と呼ばれ、ガン・カモ類、ハクチョウなどがその代表である。冬鳥は、夏の間はロシアのシベリアやカムチャツカ半島などで子育

てを行い、冬になると南へ渡ってくる。

　宮城県は昭和44年（1969）から冬鳥の生息数調査を行っており、2023年1月の調査では県内524カ所で、調査開始以来最多となる35万8289羽が確認された。内訳は、ガン類が28万2414羽、カモ類が5万7572羽、ハクチョウ類が1万8303羽で、全体の80％近くをガン類が占めている。

　ガンは、古くから日本に飛来している鳥で、70〜80年前には全国でその姿が見られた。しかし、狩猟や湿地の減少によって南から順に姿を消し、今では日本に飛来するガンの約

▲（上）日本に飛来するガンのなかでも80％近くがマガンという種類
▲（下）かつて絶滅の危機に直面したハクガン。日露米が回復に尽力した
◀早朝の蕪栗沼で一斉に飛び立つ渡り鳥。日中はおもに田んぼで草やモミを食べて過ごす

90％が宮城県北部のラムサールトライアングルと呼ばれる地域に集っている。

渡り鳥と農業の共生

ラムサールトライアングルとは、ラムサール条約＊に登録された「伊豆沼・内沼」、「蕪栗沼・周辺水田」、「化女沼」の3カ所の湿地で囲まれた、三角地域のこと。

この地域は、沼が長期間凍ることがなく、鳥たちにとって安全な寝床となる大きくて広い沼があり、日中の採食地である田んぼが広がっている。この3条件が揃っていることが、ガンが集まってくる要因だという。

日本に飛来するガンは、1960年代の終わりには全国で数千羽まで減少した。しかし、昭和46年にマガンやヒシクイなどが、国の天然記念物に指定されたことで保護活動が進み、20万羽以上が飛来するまでに回復。一方、増加したガンがラムサールトライアングルに集中したことで、農業に被害が生じるようになった。

田んぼに干してある稲穂などを食べるガンは、農家にとって害鳥だったが、地元農家は行政や保護団体と議論を重ねて、ガンと共生していく農業に取り組むことを選んだ。そこで「ふゆみずたんぼ」という農法を採用。通常、水を抜く冬期の田んぼに水をはるという農法で、ガンの天敵であるキツネなどが寄りつかなく

なり、さらに鳥の糞などが天然の堆肥になって農薬や化学肥料に頼らない米作りを可能にした。この田んぼで生産された「ふゆみずたんぼ米」は付加価値の高い商品となり、生物多様性と農作物の生産、どちらにもメリットのある農業が実現した。

ラムサールトライアングル

宮城県栗原市　伊豆沼・内沼　新田駅　長沼　東北新幹線　東北自動車道　梅ヶ沢駅　登米市　瀬峰駅　JR東北本線　蕪栗沼・周辺水田　化女沼　大崎市

仙台・　0　20km

▲昭和60年にラムサール条約に登録された伊豆沼・内沼。夏はハスの名所として知られる

▲2005年に登録された蕪栗沼・周辺水田。カモ類の越冬地として全国最大級

▲2008年に登録された化女沼。亜種ヒシクイというガンの仲間が多数ねぐらとしている

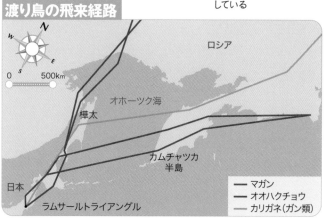

渡り鳥の飛来経路

ロシア　オホーツク海　樺太　カムチャツカ半島　日本　ラムサールトライアングル

0　500km

マガン／オオハクチョウ／カリガネ（ガン類）

＊ラムサール条約とは、「特に水鳥の生息地として国際的に重要な湿地に関する条約」のことで、湿地の生態系を守るために指定地は保護・管理される。2023年4月現在、日本には53カ所の指定がある

多くの生きものが暮らす豊かな海

宮城県にはラムサール条約に登録された湿地が4カ所ある。その内の3カ所は渡り鳥の楽園「ラムサールトライアングル」（☞P36）で、残りの1カ所は南三陸町の海「志津川湾」である。

志津川湾は三陸海岸の南部に位置し、湾内には荒島や椿島など、大小さまざまな島が散在。寒流の親潮と暖流の黒潮、さらに日本海から津軽海峡を抜けて南下する津軽暖流の3つの海流が混ざり合い独特の海洋環境が形成され、多様性に富んだ海となっている。

多様性の高さは、特に海藻において顕著である。志津川湾では冷たい海を代表する海藻の「マコンブ」と、暖かい海を代表する「アラメ」の両方が見られ、マコンブの群生の南限、アラメの群生の北限といわれている。それ以外にも数多くの海藻が生息し、これまでに200種以上の海藻と5種の海草が確認されている。こうした海藻の森と海草の草原が広がる場所は「藻場」と呼ばれ、700種以上の海洋生物の餌場や生息地となり、生物多様性の根幹をなしている。

この藻場は渡り鳥たちにとっても重要な餌場であり、志津川湾は国の天然記念物コクガンの重要な越冬地で、毎年100羽以上が飛来している。そのほかオオワシやオジロワシなどの希少種にとっても重要な越冬地である。環境省は多様な生態系を守るために全国1000カ所ほどのサイトを継続して調査する「モニタリングサイト1000」を実施しているが、志津川湾はわずか6カ所しかない藻場サイトの一つに選ばれている。

また、地元の漁業者も、カキの養殖に環境への配慮をした方式を採用し、志津川湾の自然環境を守る取り組みを進めている。

理科のコラム

豊かな藻場が広がる海
志津川湾

▲志津川湾は2018年にラムサール条約に登録。海藻の藻場としては国内初だった。写真の椿島は、国の天然記念物「椿島暖地性植物群落」に指定されている

◀砂混じりの浅い海底で広大な森を形成するマコンブ。ウニやアワビの餌にもなる

◀波が強く浅い岩場に広がるアラメの藻場。これもウニやアワビの餌となる

◀アカモクなど、気泡（浮袋）の浮力で背の高い海藻が集まるガラモ場

社会

景色だけじゃない
日本有数の貝塚密集地だった
日本三景「松島」

奥松島縄文村
歴史資料館▶

変わらぬ地形が
人々の生活を支えた

　天橋立、宮島とともに日本三景の一つに数えられる松島は、宮城県沿岸部のほぼ中央に位置する松島湾と、湾内に浮かぶ大小約260の島々を含む一帯からなる。松島は日本を代表する景勝地の一つであると同時に、縄文時代の貝塚の宝庫としても名高い。宮城県内にはおよそ210もの貝塚があるといわれるが、

そのうち約70の貝塚が、松島湾沿岸の丘陵から海外線にかけて分布する。全国有数の貝塚密集地なのだ。

　松島湾はもともと大部分が陸地だったが、約9000〜7000年前に、現在のような湾が形成されたと考えられている。松島湾では、湾内に流入する河川がいずれも小河川のため、運び込まれる土砂が少なく、湾岸に平野が発達しなかった。また、多くの島によって外洋の力が弱められ、湾内の波は穏やかだ。そのため、縄文時代を通じて陸地がほとんど広がらず、海岸線などに大きな地形変化が起こらなかった。結果、長期にわたって集落が存続し、多くの貝塚がつくられたと考えられている。

松島湾内の主な縄文遺跡

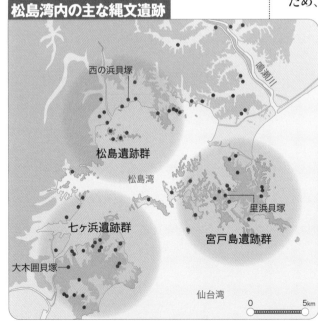

西の浜貝塚

鳴瀬川

松島遺跡群

松島湾

里浜貝塚

七ヶ浜遺跡群

宮戸島遺跡群

大木囲貝塚→

仙台湾

0　　　　5km

▲里浜貝塚のある宮戸島。海岸線の風景は縄文時代から変わらないといわれる
◀宮戸島遺跡群、松島遺跡群、七ヶ浜遺跡群は三角の位置関係にあり、集落の垣根を越えて共同作業などを行っていた可能性も示唆されている

3エリアを中心とする
日本屈指の貝塚密集地

　松島湾沿岸の縄文遺跡は、主に湾口部と湾央部に集中し、宮戸島遺跡群、松島遺跡群、七ヶ浜遺跡群の3エリアに大きく分かれている。それぞれの中心となる遺跡が、宮戸島遺跡群の里浜貝塚（東松島市）、松島遺跡群の西の浜貝塚（松島町）、七ヶ浜遺跡群の大木囲貝塚（七ヶ浜町）だ。なかでも里浜貝塚は東西約640m、南北約200mに及ぶ国内最大級の貝塚で、縄文時代前期から弥生時代中期まで、4000年以上にわたって集落が存続していたと考えられている。里浜貝塚からは土器、石器や骨角器、食料残滓などのほか、多くの埋葬人骨も出土し、当時の人々の生活や集団墓地の様相が明らかになった。縄文時代前期から後期初頭にかけての集落跡である大木囲貝塚も、仙台湾周辺における最大規模の貝塚の一つ。出土した土器は「大木式土器」と呼ばれ、東北地方中・南部の縄文時代前期および中期の土器の指標とされ、また、西の浜貝塚から出土した「西の浜式土器」も縄文時代後期の土器の指標となっている。

　縄文時代後期に入ると、松島湾の沿岸一帯では製塩が盛んに行われたようで、多くの遺跡からこの時期の製塩土器が出土している。製塩関連の遺跡の多さから、松島湾一帯が土器製塩の拠点地域であり、縄文時代最大の塩の生産地だったといわれている。松島湾周辺では、石器生産に適した石材は産出されなかったが、山形産の石器が多く発見されているのは、塩が交易品として利用されたからだろうと考えられている。松島湾での製塩は奈良時代や平安時代にも行われ、特に西の浜貝塚は、東北地方で初めて古代の製塩跡が見つかった場所でもある。

　2011年3月に発生した東日本大震災では、松島湾も津波の脅威にさらされたが、これらの貴重な貝塚は損壊を逃れ、すべてが無事だったという。貝塚が高台に位置していたことと、湾内に点在する島々が緩衝材の役割を果たして津波の影響を弱めたことが、被害を逃れた大きな理由だと考えられている。

▲里浜貝塚の資料館である奥松島縄文村歴史資料館は、縄文時代の生活の再現展示などを行う（写真：宮城県観光プロモーション推進室）

▲奥松島縄文村歴史資料館では、約2500年前の貝塚からはぎ取った貝層断面を見ることができる（写真：奥松島縄文村歴史資料館）

▶七ヶ浜町歴史資料館では、大木囲貝塚から出土した大木式土器が展示されている
（写真：七ヶ浜町歴史資料館）

東北地方最大の前方後円墳が築かれた古墳時代の宮城県

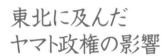

利府町の道安寺横穴古墳群の横穴墓▶

東北に及んだ
ヤマト政権の影響

　弥生時代に稲作の定着によって誕生したムラは、水稲耕作が拡大するにつれ、戦いを繰り返し、規模を大きなものとしていった。弥生時代の終わり頃には、クニの人々をまとめる有力な首長層が各地に登場。3世紀半ばにはそうした首長の多くは、畿内を中心に大型墳墓の「古墳」を築くようになる。ヤマト政権が成立した3世紀後半以降、政権による国土統一が進むにつれ、その支配下に入った地方の首長たちも続々と古墳を築くようになっ

た。古墳時代がいつ始まったかには諸説あるが、日本最古の巨大な前方後円墳である箸墓古墳(奈良県)が築造された、3世紀中頃を始まりとする説が有力だ。

　かつては、宮城県をはじめ東北地方における古墳の築造は、畿内を中心とした西日本からはかなり遅れる7世紀前後とされていた。しかし現在では、他の地域とほとんど変わらない時期に古墳がつくられていることが明らかとなっている。東北で最古級といわれる古墳は、福島県河沼郡の杵ガ森古墳(4世紀)や、同会津若松市の会津大塚山古墳(4世紀中頃)である。

▶名取市内中央にある愛島丘陵の東端に築造された雷神山古墳。すぐ北に小塚古墳と呼ばれる円墳が隣接する(写真:国土地理院)

▼円墳の小塚古墳は直径54mで高さは6m。雷神山古墳同様に三段築成で、周囲には周濠が巡らされている

雷神山古墳を筆頭とする
北限域の古墳群

　古墳は平野や盆地などの平地、その周辺の丘陵などに集中し、宮城県では伊具盆地や村田盆地、仙台平野、大崎平野などに多くつくられた。そのなかで、県を代表する古墳が、東北地方最大の古墳といわれる雷神山古墳（名取市）である。仙台平野に4世紀末頃に築造された三段築成の古墳で、主軸が168m、後円部の径と前方部の幅が96m、後円部の高さが12m、前方部の長さが72mの規模を持ち、周堤と周濠を含めると南北210m、東西140mに及ぶ。古墳時代前期という時代に限れば、東日本でも最大級の規模だ。仙台平野は古墳の宝庫のような様相を呈し、中期以降には、この時期では東北地方最大の名取大塚山古墳も築造された。いずれも、かなりの広域を治めた首長の墓と考えられている。

　雷神山古墳の近くには、5基の大型前方後円墳と2基の方墳からなる飯野坂古墳群（名取市）もあるが、これは全国でも珍しい前方後円墳と方墳のみの群集墳であるうえ、群集墳としては北限に位置する。また、北海道系の続縄文土器と東海地方でよく見られる土器が発見された新金沼遺跡（石巻市）は、ヤマト政権下における、古墳文化と続縄文文化が交流する場所だったのだろう。

▲色麻町の念南寺古墳群。5世紀頃に築造された1基の前方後円墳と22基の円墳からなる

◀利府町の道安寺境内の裏山で発見された道安寺横穴古墳群。横穴の総数は100基を超えるといわれ、39基が確認されている

　古墳時代後期には、古墳に設けられた横穴式石室とよく似るが、古墳内ではなく台地や丘陵の斜面に築かれる埋葬施設の横穴墓も多くつくられるようになった。宮城県でも多くの横穴墓群が発見されており、大代横穴古墳群（多賀城市）は太刀が出土した横穴墓群の北限、山畑横穴古墳群（大崎市）は装飾古墳の北限とされている。場所柄、宮城県には北限域に位置する古墳や横穴墓群が多いが、これらは古墳文化の様相の解明に結びつく、貴重な遺跡群である。

◀仙台市にあった一塚古墳から出土した副葬品のガラス小玉。5〜6世紀のもの（写真：ColBase[https://colbase.nich.go.jp]）

◀一塚古墳からは直径16.1cmの国産の銅鏡も出土した。六乳鳥文鏡と呼ばれる（写真：ColBase[https://colbase.nich.go.jp]）

大仏を完成させた宮城の「金」
国内初の金の産出地
黄金山産金遺跡

日本遺産に認定された涌谷町の黄金山神社▲

みちのくの山に
金の花が咲いた!

　奈良に都が置かれていた聖武天皇の治世下、疫病の流行や飢饉、地震といった天災の多発、さらに兵乱の勃発など、人々は大きな社会不安に見舞われていた。そこで聖武天皇は鎮護国家思想のもと、仏教の力で世を平和にしたいと願った。そして、天平13年（741）に全国での国分寺・国分寺尼寺建立の詔、天平15年には東大寺盧舎那仏、いわゆる大仏造立の詔を出した。

　この大仏造立にあたって最大の問題となったのが、鍍金用の金の入手だった。当時、金はすべて輸入に頼っており、それだけでは大仏の完成はおぼつかなかった。そんな折の天平21年、陸奥国の小田郡（現・涌谷町）で、日本で初めて金が産出され、陸奥守百済王敬福*が砂金900両を献上したのである。これは現在の重さで、約13.5kgの鍍金に相当する分量だったといわれている。国産の金の献上は聖武天皇をおおいに喜ばせ、天皇は年号を「天平」から「天平感宝」へ改めたほどだった。また、当時を代表する歌人の一人、大伴家持も産金を祝い、「天皇の御代栄えむと東なる陸奥山に金花咲く」の歌を万葉集に残した。そして、天平勝宝4年（752）、無事に大仏が完成し、それを記念する法要である開眼供養会が営まれた。この

▲涌谷町の黄金山神社がある一帯は「わくや万葉の里」と呼ばれ、神社へ続く参道の入り口には巨大な黄金の鳥居が立つ

◀黄金山神社の社殿は天正18年（1590）の火災で全焼後、再建されたものの江戸時代に荒廃。現在の拝殿は天保8年（1837）の再建

＊日本に亡命した百済王族の子孫とされ、天平10年に陸奥介、次いで陸奥守となり東北の経営に従事。
　金の献上後は宮内卿や刑部卿などを歴任した

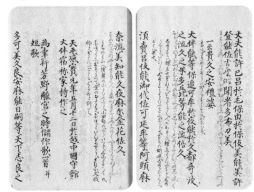

▼大伴家持の万葉集の句（中央）。「天皇の御代がますます栄えまさんしるしとして、東国みちのく山に黄金が咲きます」の意（写真：国立国会図書館デジタルコレクション）

功により、陸奥国は租税を3年間免除され、百済王敬福ら関係者は昇進。産出地に立つ黄金山神社は『延喜式神名帳（えんぎしきじんみょうちょう）』に登載されることとなった。

忘却の時期を経て 国の史跡に

　実は宮城県には、この大仏鋳造ならびに産金に関して同様の伝承をもつ、もう一つの黄金山神社がある。それが、石巻市の金華山（きんかざん）に鎮座する黄金山神社だ。江戸時代までは、小田郡ではなくこの金華山が、日本初の産金地と信じられていた。それは、金華山が古くから聖なる山として信仰されていたからだ。また、金華山の黄金山神社が天平時代の伝承を社伝にしていたため、さらに、江戸時代中期の仙台藩の儒学者・佐久間洞巌（どうがん）が、万葉集に詠まれた「みちのく山」を金華山と解釈し、産金の山に比定したためといわれている**。

　一方、小田郡の産金地はいつしか忘れ去られ、江戸時代には黄金山神社も荒廃し、礎石のみが残るという状態だったようだ。そこへ江戸時代後期、黄金山神社に立ち寄った伊勢

国の国学者・沖安海（おきやすみ）が、さまざまな文献に基づいて産金地の立地を小田郡だと考証した。そして、自ら黄金山神社を再建した。

　その後、明治時代に涌谷町の黄金山神社周辺から「天平」と書かれた瓦の破片が出土。昭和32年（1957）には、東北大学が行った発掘調査で、奈良時代の建物の基壇跡や屋根瓦、祭祀儀礼用と思われる遺物などが出土した。さらに地質調査で、一帯の土に純度の高い良質の砂金が含まれていることが判明。こうした発見によって、日本初の産金の地は涌谷町だったことが改めて確認された。そして昭和34年、黄金山神社境内は「天平産金遺跡」として宮城県史跡に指定され、昭和42年には国史跡の指定を受けることになったのである。現在も、黄金山神社境内を流れる川からは、少量の砂金が検出されるという。

◀黄金の鳥居のそばに立つ「天平ろまん館」。涌谷町や産金に関する展示を行うほか、砂金採り体験なども行っている（写真：宮城県観光プロモーション推進室）

▲石巻市の金華山黄金山神社。金運・開運の神様として信仰され、「3年続けて参拝すると一生お金に不自由しない」といわれている

大和朝廷の北の要衝 国府と鎮守府が置かれた 古代都市「多賀城」

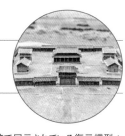

多賀城跡で展示されている復元模型▲

古代東北の中心地

　7世紀後半、朝廷における陸奥国の範囲は、現在の福島県全域と宮城県の一部で、それより北は朝廷に従わない蝦夷が住む土地だった。この頃、陸奥国府は現在の郡山遺跡(仙台市)にあったが、養老4年(720)に起こった蝦夷の反乱をきっかけとして神亀元年(724)、公卿であり武人でもあった大野東人により、現在の多賀城市に築かれたのが多賀城である。そして、陸奥国府も多賀城に移され、軍政を司る鎮守府も置かれた。当時、朝廷の出先機関として外交や警護に当たっていた西の大宰府に対し、多賀城は北辺の軍事的・政治的中心地として重要な役割を担った。

　仙台平野を一望する丘陵上につくられた多賀城は約900m四方で、中央には約100m四方の政庁があり、正殿や脇殿、後殿などが計画的に配されていた。城内の各所には事務を行う役所、役人や兵士の宿舎などがあり、城外南東には付属寺院も創建された。平安時代には多賀城の南に庶民が暮らす町も建設された。多賀城一帯からは土器や中国製陶器、役所で使われたと思われる硯や漆紙、木簡などが発見されている。

　多賀城は天平宝字6年(762)、中枢の政庁が大改修されたようだが、宝亀11

多賀城跡の範囲

凡例
■ 確認されている多賀城の遺構
― 古代の街路

加瀬沼
塩竈市
利府町
三陸自動車道
政庁跡
多賀城市
南門
あやめ園
多賀城碑
国府多賀城駅
JR東北本線
陸前山王駅
南北大路
東北歴史博物館
多賀城廃寺跡
東西大路
0　200m

▲多賀城政庁跡。東西103m、南北116mの築地塀で囲われ、重要な政務や儀式が行われる場所だった

◀多賀城は周囲が築地塀で囲まれ、南、東、西に門が開いていた。9世紀中頃には、南面の南北・東西大路を基準に、碁盤目状の町並みが整備された

＊ 多賀城には創建後(第Ⅰ期)、改修後(第Ⅱ期)、反乱による焼失後(第Ⅲ期)、地震による倒壊後(第Ⅳ期)の4期の変遷があるとされている

▲高さ247cmの自然石に文字が刻まれた多賀城碑は、明治8年（1875）建造の覆屋に収められている

◀江戸時代に描かれた多賀城碑図。実際の碑の文字を書風まで忠実に表現している（写真：ColBase [https://colbase.nich.go.jp]）

年（780）、蝦夷の族長で朝廷の役人でもあった伊治呰麻呂の反乱で焼き払われた。延暦21年（802）には胆沢城（現・岩手県）へ鎮守府が移転。その後、多賀城は貞観11年（869）の陸奥国大地震で被害を受けた。こうした変遷*の末、11世紀中頃には多賀国府と呼ばれるようになった。源頼朝は奥州征伐の前後に多賀国府に立ち寄り、陸奥国のことについてさまざまな指示を出している。鎌倉時代には陸奥国留守職、南北朝時代には陸奥の将軍府が置かれるなど重要視された。

都の人々の憧れの地

国府と鎮守府が置かれた多賀城には、歌人の大伴家持や、征夷大将軍の坂上田村麻呂など、都から貴人たちが赴任した。こうした人々が、美しい情景をさまざまな歌に詠んだ。なかには、当地を想像して詠まれたものもあ

る。それほど、多賀城は都の人々にとって憧れの土地だったのだろう。

当時の和歌に詠まれた名所は歌枕と呼ばれるが、多賀城市には歌枕が数多く残る。なかでも有名なのが、日本三古碑**の一つに数えられる多賀城碑（壺碑）だ。天平宝字6年建立の石碑で、平城京から多賀城までの距離、多賀城の創建や改修の沿革などが141文字で刻まれている。西行や頼朝の和歌でも知られる歌枕で、松尾芭蕉は碑と対面した興奮を『おくのほそ道』に記している。

平城宮跡（奈良県）、大宰府跡（福岡県）とともに、日本三大史跡に数えられる多賀城跡は、創建1300年を迎える2024年を目指し、整備が進められている。2023年2月には白と濃い朱色に塗られた南門が復元された。

▲復元された南門は土台の幅が16mで、高さ14m。最も豪華だったとされる8世紀後半のものをイメージしている

▲多賀城跡はあやめの名所。初夏、城跡の一角のあやめ園では、300万本のあやめや花菖蒲が咲き乱れる

多賀城碑のほか、文武天皇4年（700）建立の那須国造碑（栃木県大田原市）、**和銅4年（711）建立の多胡碑（群馬県高崎市）

奥州藤原氏が滅亡した後
東北を支配した
鎌倉幕府の御家人たち

羽黒神社が鎮座する
大崎市の羽黒山▲

東北の軍事と行政を
手中に収めた源頼朝

平安時代後期、東北地方で起こった前九年の役、および後三年の役で、陸奥守に任ぜられた源頼義・義家父子が平定に活躍を見せたことで、東国に確固たる地位を築いたのが源氏である。頼義から数えて5代目が、平氏を討伐し、全国統治を目指す源頼朝だった。当時、陸奥国をはじめ東北地方は実質的に、平泉を拠点とする奥州藤原氏が支配していた。4代にわたって栄華を極めた奥州藤原氏は、頼朝にとっては最後の強敵だった。文治5年（1189）、頼朝は自ら東北へ進軍し、奥州藤原氏を滅亡させた。

奥州を平定した頼朝は、挙兵以来の功臣で、平氏追討や奥州合戦で軍功のあった御家人・葛西清重を、奥州総（惣）奉行及び検非違使に任命。御家人統制と治安維持の責任者とし、軍事および警察権に関する奥州藤原氏の役割を継承させた。一方の行政に関しては、奥州藤原氏の時代にそれを担っていたのは多賀国府（多賀城）だった。そこで頼朝は文治6年、陸奥国留守職を多賀国府に設置し、御家人のなかでも文才に秀でた伊沢家景を、行政官である留守職に任命した。こうして、奥州藤原氏の軍事と行政の二大拠点だった平泉と多賀国府を掌握したことで、東北全体に頼朝の統治が及ぶようになったのである。葛西氏と伊沢氏はともに奥州総奉行と呼ばれ、鎌倉時代

『後三年合戦絵詞』 後三年の役において、清原氏を討つために多賀国府の館を出立する源義家の姿が描かれている。都の絵師が描いたものだが、当時の多賀国府の様相を描いた貴重なもの
（写真：ColBase [https://colbase.nich.go.jp]）

▼陸奥国留守職となった伊沢家景は、現在の仙台市にあった岩切城を居城とし、家景に始まる留守氏も代々居城とした。城跡は史跡として整備されている

を通じて両氏がこの職を継承し、家景以降の伊沢氏は留守氏を名乗った。

　この両氏以外にも、千葉常胤、畠山重忠、和田義盛、熊谷直実といった、そうそうたる顔ぶれの御家人たちが、東北の郡、郷、荘園などの地頭職に任命されている。しかし、多くは自ら赴任せず、一族や家人を代官として派遣したようだ。そして、彼らが本家から独立して土着していった。

御家人にゆかりのある神社と温泉

　宮城県にはもう一人、ゆかりの深い有力御家人がいる。頼朝の信任が特に厚かった梶原景時だ。気仙沼市唐桑町高石浜にある梶原

▲古くから東北鎮護および陸奥国一之宮として崇敬を集めた、塩竈市にある鹽竈神社。鎌倉時代には留守氏（伊沢氏）の管理下にあった

▼梶原景時の兄の景実は、頼朝の子の頼家誕生の際に安産祈願を執り行った。このことから、景実が創建した早馬神社は安産祈願の神として信仰を集めている

神社には、頼朝とともに、景時、景時の子である景季が祀られている。景時の兄で、鎌倉の鶴岡八幡宮別当だった景実が、頼朝の死や御家人たちの衰亡を憂えて気仙沼に移り住み、建保5年（1217）に造営した社である。また、同町宿浦にある早馬神社も、同じく景実の創建だ。早馬神社では現在でも、梶原氏直系の子孫が宮司を務めている。

　御家人ではないが、後三年の役で勇名をはせ、梶原氏の祖となったといわれる鎌倉景政も、宮城県とはゆかりが深い。大崎市の羽黒山に立つ羽黒神社は、景政が後三年の役に従軍した際に戦勝を祈願し、その成就を感謝して出羽三山の羽黒大権現を勧請したことに始まる。さらに、蔵王町の鎌倉温泉は、景政が後三年の役の際に射抜かれた目の傷を、沢の湯で癒したことがきっかけで開かれた。現在も傷に効く名湯として親しまれている。

▶鎌倉温泉は、鎌倉景政の名にちなむ鎌倉沢のほとりに立つ一軒宿。昔ながらの湯治場の面影を残す雰囲気が人気となっている

室町時代に奥州探題として陸奥国に覇権を確立した足利一門の名家、大崎氏の盛衰

一時は伊達氏も従えた奥州探題の威勢

　室町時代、陸奥国は大名・大崎氏の支配下にあった。大崎氏は足利一門の斯波家兼を始祖とする。もともとは尾張を拠点にしていた家兼が南北朝時代に奥州管領*として奥州に下り、子の直持の代に、先祖の足利氏の所領地の地名にちなんで大崎氏を名乗り始めた。奥州管領は明徳3／元中9年（1392）に廃止されるが、その後、奥州探題と名を変えて復活し、応永7年（1400）に大崎詮持が任命されて以降、大崎氏が世襲した。

　奥州探題として、大崎氏は奥羽両国に覇権を確立し、現在の大崎地方は奥州の政治の中心地となった。一時は伊達氏、南部氏、葛西氏といった奥州の地方豪族である国人も、大崎氏のもとへ参勤するほどだったという。しかし、奥州ではこの時代から伊達氏をはじめ、石塔氏、北畠氏、蘆名氏など、守護に匹敵するほどの力を持った有力国人が割拠していた。そのため、奥州管領といえど、実質的には大崎氏の支配力は限定的だったようだ。

　京都で応仁の乱が勃発し、戦国の嵐が吹き始めた頃、奥州で勢力を伸ばしたのが伊達氏。伊達氏は家督争いに介入するなどして奥州諸氏の中に食い込み、やがてその力は大崎氏をしのぐようになった。大永2年（1522）、伊達稙宗が陸奥国守護職に任ぜられると、奥州探題という制度は事実上終わりを告げた。

◀遠田郡涌谷町にある涌谷城跡。涌谷城は、戦国時代には大崎氏家臣の涌谷氏の居城だったが、後に亘理伊達氏の居城となり明治維新まで存続した。現在は城山公園として整備され、墨櫓や石垣が残るほか、天守風の建物である町立資料館が立つ

＊南北朝時代から室町時代にかけて、奥州の軍事や裁判を指揮した地方行政機関。建武政権が創設した陸奥将軍府に対抗するために設置された奥州総大将を前身とする

▼大崎氏は、現在の大崎市にあった名生城を本拠とした。後世、古墳時代の円墳や、多賀城創建以前の役所である官衙跡が発掘され、「名生館官衙遺跡」として国の史跡に指定されている（写真：大崎市教育委員会）

　戦国時代には、大崎氏はさらに衰退。11代当主の義直の時代には家臣団の反乱も、伊達氏の援助を得てようやく鎮圧できるような状態だった。大崎氏と伊達氏の関係は逆転し、実質的には伊達氏の支配下に置かれた。

小田原攻め不参加で
滅亡の憂き目に

　義直の子で12代当主の義隆は、伊達氏や最上氏、蘆名氏など周辺大名との関係を強化し、家の安定を図った。しかし、天正14年（1586）に内紛が勃発。これが、大崎地方の支配をもくろむ伊達家当主・政宗の介入を招き、

2年後、義隆と政宗の間で始まったのが大崎合戦だ。この戦は、同じく足利一門の最上氏の援軍を得た大崎氏が勝利。政宗にとっては唯一敗北した戦として知られる。だが、その後も内紛は続いて家中が揺れた大崎氏に対し、政宗は翌年、蘆名氏を滅ぼして勢いに乗る。このため、大崎氏は政宗に再び臣従せざるを得なくなり、政宗が奥州の覇者となった。

　その後も政宗は大崎攻めを画策したが、そこで始まったのが豊臣秀吉の小田原攻めだ。大崎氏にも参戦を求める書状が届いたが、家中が混乱していたうえ、主君と仰いでいた政宗も参陣を迷っていたため勝手に秀吉に服従するわけにもいかず、義隆は参戦しなかった。これがあだとなり、小田原平定後、大崎氏は秀吉の行った奥州仕置＊＊によって所領を没収され改易された。その後、義隆は上洛して所領の回復を求めたものの、国元では再興を願う遺臣による一揆が起こり、秀吉は一揆鎮圧後、改めて大崎領を政宗に与えることを決定。所領の回復どころか、これによって大崎氏は滅亡した。時は流れ、古川市と6町が合併し大崎市が誕生したのは、大崎氏滅亡から四百余年を経た2006年だった。

▲大崎市の岩出山城址。伊達政宗の居城だったことで知られるが、政宗が住む前は大崎氏家臣の氏家氏の居城で、岩手沢城と呼ばれていた

▲大崎氏の名にちなむ大崎市は、現在では宮城県が誇る米どころ。田園風景が広がり、鳴子峡や鳴子温泉郷など自然豊かな観光地にも恵まれている

＊＊　小田原平定後の秀吉が行った、東北地方の領地の再分配。小田原攻めに参戦した者には旧来の領地安堵、参戦しなかった者には、改易や減封などの処断が下された

62万石を統治した仙台藩の歴史と家臣が築いた「伊達四十八館」

大崎市の岩出山城址にある伊達政宗像▲

17代政宗の時代に奥州最大勢力へ

　伊達氏は、奥州合戦で功を上げた御家人の常陸入道念西が、頼朝から陸奥国伊達郡（福島県）を与えられ、伊達朝宗を名乗ったことに始まる。7代行朝（行宗）の時代には陸奥国府の最高合議機関である奥州式評定衆に名を連ね、14代稙宗の時代には陸奥国の守護職に任じられるなど、東北を代表する武家となっていった。17代政宗の代にはおよそ114万石を有し、奥州最大の勢力を誇った。

　その後の天正19年（1591）の奥州仕置により、伊達氏は現在の宮城県中南部に転封され58万石に減少したが、関ヶ原の戦い後には加増されて60万石（後に62万石）となった。政宗は慶長6年（1601）に仙台城の築城を始めて2年後に入城し、政宗を藩祖とする仙台藩が成立した。

　江戸時代を通じて仙台藩は加賀藩、薩摩藩に次ぐ大藩だったが、奥州仕置で土地を失った大名や国人が伊達家に身を寄せたため、4万人近い大家臣団を抱えていた。62万石では、全家臣を城下に住まわせ、禄を与えることは難しかった。そこで、重臣たちに仙台城下の屋敷のほか、領内各地に知行地を与えて土地を開墾させ、年貢の徴収権を与えた。

仙台藩の主な城砦居館

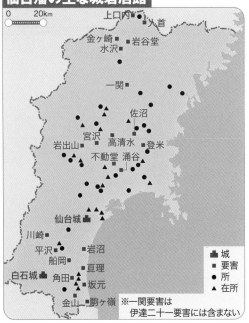

0　20km

上口内
人首
金ヶ崎　岩谷堂
水沢
一関
佐沼
宮沢　高清水
岩出山　登米
不動堂　涌谷
仙台城
川崎
平沢　岩沼
船岡　亘理
白石城　角田
坂元
金山　駒ヶ嶺

■ 城
■ 要害
● 所
▲ 在所

※一関要害は
伊達二十一要害には含まない

仙台藩の地方知行制は家臣の拝領形態によって城、要害、所、在所に分かれた。要害は21カ所に設けられ「伊達二十一要害」と呼ばれた

若林城

◀政宗が寛永5年（1628）に築いた若林城の水堀跡。この城は寛永13年に政宗が没すると同時に廃された

▼伊具郡（現・丸森町）にあった金山城は要害の一つ。元は陸奥国行方郡（福島県）の相馬氏の城だったが、後に伊達氏の領有となった。本丸の石垣が残る

▼戦国時代には大崎氏家臣の氏家氏の居城だった岩出山城。政宗の4男・宗泰を初代とする岩出山伊達家の城で、要害の一つに数えられた

これは中世から近世にかけて一般化した地方知行制と呼ばれる制度だが、江戸時代には多くの藩が、家臣に蔵米を支給する俸禄制（蔵米知行制）に移行した。このため、幕末まで地方地行制をとり続けたことが、仙台藩の特徴となった。仙台藩の重臣は伊達家の家臣であると同時に地方領主でもあり、さらに彼らは知行地と仙台城下の屋敷の間を、参勤交代のように行き来した。

藩内に設けられた
地域支配のための城砦

江戸時代は一国一城令が発せられていたが、仙台藩は仙台城以外に白石城の存続＊も認められた（政宗存命中は若林城も）。また、地方知行制による地域支配の拠点として、この2城のほか各所領に要害・所・在所＊＊と呼ばれる城砦を設け、家臣団を配置した。これは要害制と呼ばれる、仙台藩独特のものだった。

要害とは、奥州仕置で残された城を居館に転用したもの。居館を中心に曲輪を配し、櫓や土塁、堀を備えるなど、実質的には城そのもので、城下町も備えていた。さらに、町場につくられた所、農村につくられた在所があった。こうした拠点は政宗の頃から徐々

に増え、4代綱村の時代に制度として確立された。俗に「伊達四十八館」と呼ばれるが、実際には70カ所を超えていたという。

幕末、戊辰戦争で敗れた仙台藩はいったん領地を没収され、その後、改めて与えられたのは28万石だった。領地を失った家臣団のなかには、藩が打ち出した蝦夷移住奨励によって北海道に移住する者もあった。家臣のなかで一門と呼ばれ、高い家格を誇った亘理伊達氏も2万4000石余から58石に減らされ、領地は盛岡藩（南部藩）の支配となった。北海道への移住か、盛岡藩の農民となるかの二者択一を迫られた亘理伊達氏は、領主邦成の家中が北海道へ集団移住した。北海道の道央南部に伊達市があるが、これは彼らが開拓したことにちなんでいる。

▲亘理町の大雄寺は、北海道に移住した亘理伊達氏の菩提寺。亘理伊達氏初代の成実が開創し、境内には亘理伊達氏歴代の墓所がある

＊＊所は要害のない地域に置かれ、幕府への改修の届け出が必要だった要害に対し、届け出が不要だったもの。在所は要害や所より規模や知行高が少ない場所に置かれた

政宗が参加した"もう一つの関ヶ原"
東北で起こった慶長出羽合戦と
幻となった「百万石のお墨付」

伊達・最上連合軍と
上杉景勝の戦い

慶長3年（1598）の豊臣秀吉没後、徳川家康は五大老の筆頭として、豊臣政権で強大な権力を持ち始めた。しかし反発も多く、特に五大老の一人である会津の上杉景勝は、大きな対抗勢力だった。上杉氏領内での軍備増強のうわさを聞いた家康は、弁明のため景勝に大坂へ上るよう求めたが、景勝は拒否。家康はこれを豊臣家への謀反とみなし、慶長5年、上杉討伐のため会津へ出陣した。しかし下野国小山（栃木県）まで来たところで、これも家康の対抗勢力だった五奉行の石田三成が京都の伏見で挙兵。家康は急いで引き返して西に下った。

上杉討伐にあたり、家康は伊達政宗や出羽国の最上義光など、陸奥・出羽国の諸将にも参戦を命じていた。そこで政宗は、かつて伊達家の領地で、奥州仕置で上杉領となった白石城と河股城を攻略。その後、政宗は家康から「味方をすれば奥州仕置で没収されて上杉領となっている旧伊達領＊を与える」という内容の書状を受け取った。俗に「百万石のお墨付」と呼ばれるものだ。これには上杉氏をけん制する意味があったといわれる。

家康が引き返すと、景勝は、かねて敵対関係にあった最上領へ攻め込んだ。7000人の最上軍に対し、景勝の重臣・直江兼続を総大将とする上杉軍は3万人近かったといわれ、最上氏の城は続々と陥落し、籠城戦に持ち込んだ義光は政宗に援軍を要請した。白石城の

▲仙台市博物館にあった伊達政宗の胸像。仙台城跡に設置された初代伊達政宗騎馬像の一部。2023年4月に青葉山公園の仙臺 緑 彩館そばに移設された

▲政宗が上杉氏から奪還した白石城。奪還後の慶長7年に、政宗の側近である片倉景綱が受領した

＊伊達氏の旧領だった刈田、伊達、信夫、二本松、塩松、田村、長井の7郡を褒賞として与えるというものだった

『長谷堂合戦図屏風』
（左隻）（複製）

慶長出羽合戦のクライマックスだった長谷堂（山形市）での合戦を描いた図の複製。右隻には攻める上杉軍、守る最上軍が描かれ、左隻には退却する上杉勢軍を追撃する最上軍が描かれている。画面中央が最上義光
（写真：最上義光歴史館）

奪取後に景勝と和睦をしていた政宗は、この要請に迷いを見せるが、政宗の母の義姫は義光の妹であり、義光は政宗の伯父にあたる。義姫の働きかけもあり、結局、政宗は3000人からなる援軍を派遣した。

しかし、上杉軍は総攻撃を始めた矢先、関ヶ原での戦いで三成率いる西軍が敗れたとの報告を受け取り、撤退。最上軍と伊達軍が猛追するが、兼続は何とか米沢城に帰還した。勢いに乗る義光は旧領だった庄内地方を攻め、上杉家から庄内地方全域を奪還した。

一揆の扇動を理由に反故にされた約束

最上・伊達両氏からなる東軍と、景勝の西軍が争い、東軍が勝利したこの戦いが「慶長出羽合戦」だ。天下分け目の戦いである関ヶ原の戦いと同時に行われた東北での東西戦争は「北の関ヶ原」と呼ばれる。この合戦の結果、最上氏は現在の山形県全域と秋田県南部を治める57万石の所領を得た。

一方の政宗は、家康からのお墨付があったにもかかわらず、得たのは陸奥国刈田郡の2万石のみだった。というのも、慶長出羽合戦のさなか、秀吉によって所領を没収された和賀忠親が所領回復を図って南部領内（岩手県）で一揆を起こしたが、合戦後、政宗が忠親を援助するために兵を出していたことが発覚したからである。政宗は、一揆に乗じて領土拡大を企んでいたといわれている。

こうしたことが家康に不信を抱かせることになり、結局、お墨付は反故にされたのだった。百万石の夢は潰え、手に入れた2万石と既存の58万石と合わせ、60万石となった。その後、近江国と常陸国にわずかな飛び地2万石を得て、62万石となったのである。

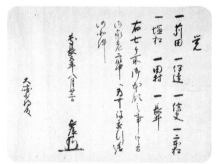

▲家康が政宗に旧領を与える約束をした『徳川家康領知覚書』。約束が実現すれば、政宗の所領は108万石になるはずだった（写真：仙台市博物館）

◀白石市を流れる白石川。政宗は白石城を上杉氏から奪還する際、現在の白石市西部、白石川左岸の陣場山に陣を敷いたといわれる

藩政の中心だった仙台城と歴史の舞台となった白石城 仙台藩を支えた2つの城

仙台城の本丸跡に立つ
伊達政宗公騎馬像▲

天険の地に築かれた青葉薫る仙台城

　一国一城令が施行された江戸時代、藩域が広く実高の多い大名には、例外的に複数の城の所有が認められていた。現在の宮城県全域、岩手県および福島県の一部を治め、茨城県と滋賀県にも飛び地があった62万石の仙台藩もその一つ。仙台藩には「要害」（☞P53）と呼ばれる実質的な城が多くあったが、公的に認められていたのは、本城の仙台城と、刈田郡（白石市）にあった支城の白石城だ。

　青葉城の別名を持つ仙台城は、仙台平野を望む青葉山に築かれた。伊達政宗が徳川家康からこの場所に築城の許可を得たのは、関ヶ原の戦いの後。当時の政宗の居城である岩出山城は、手狭で主要街道からも外れていた。一方、仙台の地は奥州街道が通り、東に平野が開けて城下町の建設も容易で、築城には恰好の場所だった。また、後に反故にされた「百万石のお墨付」の約束が実現すれば、仙台は領国の中心に当たるはずだった。

　東は断崖、南は渓谷、西は森林が固める天然の要害の地に築城が始まったのは、慶長6年（1601）。翌年には一応完成し、その翌年に政宗が本格的に入城した。家康に敵意のないことを示すため天守は築かれなかったが、本丸には5つの櫓＊が建設された。本丸御殿は千畳敷と称される大広間を備え、大藩にふさわしい約2万坪の規模だった。2代藩主忠宗の時代には、居住性と利便性を考慮して山麓部に二の丸が造営され、ここが幕末まで藩

▲仙台城本丸跡では、大広間だった千畳敷の礎石が配置され、当時の建物の規模や部屋割りを知ることができる

▲仙台城で唯一復元されている、大手門脇櫓。隅櫓とも呼ばれる。復元は民間の寄付によって行われた

▼仙台市の宮城県知事公館正門は、仙台城の中門（寅門）の部材を利用し、大正時代に現在地に移築されたと伝えられる

▼白石城の天守に当たる三階櫓。高さは石垣天端から16.7mで、戦後の木造復元天守閣では高さ、広さとも日本最大級といわれる

政の中枢となった。

　仙台城は戊辰戦争の戦火を免れたが、明治時代に陸軍司令部が置かれた際に本丸が解体された。その後、火災や空襲で江戸時代の建造物は失われた（一部の建物や部材は転用され現存）。大正時代に、かつての本丸の一部と三の丸周辺が青葉山公園となり、昭和時代に入ってから大手門の脇櫓が復元された。

テレビドラマを機に
姿を蘇らせた白石城

　白石城は、平安時代後期に刈田氏が築城したのが始まりとされる。刈田氏は後に白石氏を名乗り、戦国時代に伊達氏に臣従した。しかし、刈田郡は豊臣秀吉の奥州仕置によって蒲生氏の所領となり、その後、会津領主上杉氏の所領となった。

　こうして白石城は伊達氏のもとを離れたが、家康による上杉征伐の際、これに呼応した政宗が自らの手で奪還。関ヶ原の戦いの後で刈田郡の領有を許された政宗は、慶長7年、重臣の片倉景綱を入城させた。白石城には蒲生氏の時代に築かれた3重3階の望楼型天守があったが、仙台城と同様に家康への配慮から、天守を大櫓（三階櫓）と称した。以後、明治維

新まで片倉氏の居城となり、仙台藩の南の要となった。

　白石城は戊辰戦争の際には、奥羽越列藩による同盟会議である白石会議の舞台として、歴史の転換点で大きな役割を果たした。しかし、明治6年（1873）の廃城令により、翌年、大手門の土台石や石垣の一部を残して解体された。その後、城跡は公園として利用されたが、昭和62年（1987）年に放送されたNHK大河ドラマ『独眼竜政宗』をきっかけに、景綱の人気が高まり、白石城復元の声も高まった。復元のためのキャンペーンも行われて1億円以上の寄付が集まり、平成7年（1995）に木造天守が復元され、町のシンボルとして蘇ったのである。

▲白石城では大櫓とともに、大手一ノ門と大手二ノ門（写真）が復元されている。復元にはすべて国産の木材が使用された

伊達成実に片倉景綱
"独眼竜政宗"を支えた
伊達家の家臣たち

政宗が最も信頼した重臣、
片倉景綱の居城だった白石城▲

毛虫のように後退しない
家中一の勇将・伊達成実

　加賀藩、薩摩藩に次ぐ大藩だった仙台藩は、3万人を超える膨大な家臣を擁していた。こうした家臣の中で、家中随一の剛の者といわれ、政宗に「比類なき武功なり」と言わしめた猛将が伊達成実である。成実は、毛虫をかたどった前立をつけた兜で知られる。これは「決して後ろには退かない」という毛虫の習性にあやかったものだという。

　家督を譲られた政宗にとって、初の大合戦となった天正13年（1585）の「人取橋の戦い*」で成実は、敵の猛攻を防ぎ、劣勢だった自軍を撤退させた。天正17年の「摺上原の戦い**」では敵を側面から強襲し、やはり劣勢だった戦況を覆すなど、多くの武功を

あげた。豊臣秀吉の小田原攻めの際には、参陣を迷う政宗に対し、秀吉と一戦交えることを主張したほどだった。

　そんな成実だが、一時は政宗のもとから出奔している。その理由や時期、出奔先には諸説あるが、この間、上杉景勝や徳川家康から家臣になるよう誘われている。このことからも、その勇猛ぶりが知れ渡っていたことがうかがえる。

◀伊達成実は、政宗の祖父・晴宗の弟を父、晴宗の娘を母に生まれ、政宗とは非常に近い血族。成実の甲冑は現存している（写真：伊達市教育委員会）

▼白石市の愛宕山の麓には、初代景綱から9代景貞までの、片倉氏歴代当主の墓がある。10代宗景以降の墓所は、同市の傑山寺にある

烏上少年過
世平白髪多
残躯天所秋
不楽走如何

◀政宗は従来のような一家、一族といった家格に加え、一門、準一家といった独自の家格を定め、巨大な家臣団の統率と維持を図った
（写真：仙台市博物館）

＊二本松城主の畠山義継による政宗の父・輝宗の拉致・殺害をきっかけに、安達郡（福島県）の人取橋付近で、佐竹・蘆名氏らの連合軍と政宗との間で起こった戦い。勝敗の決着はつかず終了した

▶景綱は政宗に忠誠を尽くすこと人後に落ちず、妻が懐妊した際には子のいない政宗を慣り、実子を殺害しようとし、政宗に止められた話もあるほど
（写真：仙台市博物館）

　家臣たちの説得により、関ヶ原の戦いの前に帰参した成実は亘理城主<ruby>亘理<rt>わたり</rt></ruby>となり、2代藩主忠宗<ruby>忠宗<rt>ただむね</rt></ruby>の時代にも家中の長老として重きをなした。

政宗も頭が上がらなかった 片倉小十郎景綱

　成実が「武」で政宗を支えたのに対し、「知」で支えたのが、片倉小十郎の名で知られる片倉景綱だ。景綱は政宗の父・輝宗<ruby>輝宗<rt>てるむね</rt></ruby>の徒小姓から、幼い政宗の近侍となった。幼くして両親を失った景綱は姉の喜多<ruby>喜多<rt>きた</rt></ruby>に育てられたが、喜多は政宗の乳母を務めていたことから、2人は兄弟のように過ごしたといわれる。この頃の逸話として、景綱の「右目潰し」がある。疱瘡で失明して飛び出した政宗の右目を、景綱が小刀でえぐり出したという有名なエピソードだが、これは創作のようだ。

　成実同様、景綱も政宗に従って参戦し、知略によって勝利に貢献した。人取橋の戦いで政宗が敵兵に囲まれた際は、自らが政宗になりすまして敵を引き付けた。摺上原の戦いでは、戦見物の農民たちに発砲。敵勢は逃げまどう農民たちを味方の敗走と勘違いして混乱し、これが伊達軍を勝利に導いたという。小田原攻めの際は、交戦派の成実に対し、和平を説いて参陣を主張した。秀吉をハエにたと

▼江戸時代、登米<ruby>登米<rt>とよま</rt></ruby>伊達氏の城下町として北上川の舟運で栄えた登米<ruby>登米<rt>とめ</rt></ruby>市には武家町が形成され、武家屋敷がほぼ当時の状態で残る

え、「追い払ってもまた来る」と言い、政宗に参陣を決意させたといわれる。

　景綱はとにかく人望があったようで、死の際には6名の家臣が殉死したといわれている。秀吉も景綱を直臣とすることを望み、家康も江戸に屋敷を与えることを申し出たといわれている。なお、景綱の子・重長<ruby>重長<rt>しげなが</rt></ruby>も、大坂の陣で勇名をはせ、伊達勢の手柄は日本一と家康はじめ天下に認めさせた猛将だった。

　そのほか成実、景綱とともに「伊達三傑」と呼ばれ、家臣では唯一、政宗の誕生から死を見届けた鬼庭綱元<ruby>鬼庭綱元<rt>おにわつなもと</rt></ruby>、外交使節としてヨーロッパへ渡った支倉常長<ruby>支倉常長<rt>はせくらつねなが</rt></ruby>（☞P64）など、伊達家には個性的な家臣が多い。こういった家臣たちの働きによって、仙台藩は東北の雄として君臨できたのであろう。

▲大崎市の有備館<ruby>有備館<rt>ゆうびかん</rt></ruby>は、岩出山<ruby>岩出山<rt>いわでやま</rt></ruby>伊達氏が開設した学問所。後に邸宅となり、現在は庭園ともども一般公開されている

伊達政宗の新説と新たな発見

伊達政宗公復顔像▶
（写真：公益財団法人瑞鳳殿）

　仙台藩祖・伊達政宗は、幼いころに疱瘡（天然痘）をわずらって右目を失明し、顔にもあばたができ、それが原因で消極的な性格になってしまったという。ただ、昭和49年（1974）に墓所の発掘で政宗の頭蓋骨が出土したが、左右の眼窩は異常がないとされた。このおり政宗の顔が復元されたが、それから約40年経った2021年、NHK『歴史探偵』（歴史番組）の依頼で、国立科学博物館の坂上和弘氏が中心になって再び復顔がなされた。頭蓋骨模型をCTスキャンするなど最新技術を導入した結果、眼窩の高さが左右で異なり、右のほうが2ミリ狭いことが明らかになった。失明した右眼をあまり動かさなかったことで骨の発育が悪くなったらしい。ちなみに復元された顔は、東北の王らしい威厳のある風貌だった。

　母の義姫は暗い政宗を遠ざけ弟の小次郎ばかりを可愛がるようになったが、父の輝宗は優れた資質を見抜き、まだ政宗が18歳のときに家督をゆずった。以後政宗は、鮮やかな戦略と徹底した力攻めで近隣の国衆（小大名）を次々と平らげ、23歳のとき蘆名氏を滅ぼして会津三郡を手に入れ、100万石を超える大大名となった。東北の約半分だ。

　政宗は天下を狙ったとされるが、このときすでに関東以西は豊臣秀吉の制圧するところとなっていた。天正18年（1590）3月、20万の大軍で北条氏の小田原城を囲んだ秀吉は、政宗に強く参陣を求めた。だが政宗は、なか

出立しなかった。義姫が兄（山形の最上義光）と結んで小次郎を当主にしようと考え、政宗の食事に毒を入れて殺害しようとする騒動が起こったからだ。

　だが、いま小田原へ出向かなければ、北条氏を倒した豊臣軍が東北に来襲し、伊達家を滅ぼすのは確実。ここにおいて政宗は、果断な処置に出る。弟の小次郎を斬殺し、お家騒動を防いだのである。これを知った母の義姫は、兄・義光のもとへ逃亡した。

　これは伊達家の正史「貞山公治家記録」に載る話だが、実際はその後も義姫は伊達領内におり、政宗とも親しく手紙を交わしている。彼女が出奔するのは事件から4年後のことで、毒殺未遂や小次郎殺害事件が直接的な原因ではないことがわかる。

　研究者の佐藤憲一氏は、その著書『伊達政宗の素顔　筆まめ戦国大名の生涯』（吉川弘文館）の中で、政宗が義姫と共謀して弟を殺したことにして伊達家の一本化を図ったのであり、小次郎も死なずに僧として寺に入った可能性を指摘している。

　ともあれ小田原に遅参した政宗は、秀吉の怒りを静めるため一計を案じた。髷を落とし、死に装束を身につけて参上したのだ。だが、秀吉との謁見を許されずに幽閉されてしまう。しかし政宗は「陣中に天下の茶匠・千利休がいると聞いた。ぜひ、冥土の土産に茶の湯を習いたい」と所望する。この度量感心した秀

吉は、政宗から会津三郡を没収しただけで許したという。

が、この話も史実ではない。政宗が着いたとき、利休は小田原にいなかったことが判明しているし、富山市郷土博物館主査学芸員の萩原大輔氏の調査によって、死に装束の逸話も史料的な裏付けのないことが判明したからだ。

ただ、政宗が死を覚悟して小田原に出向いたのは本当だ。出立前、重臣の鬼（茂）庭綱元に宛てた手紙には「関白秀吉と行き違いがあれば、切腹は免れないだろう。だが関白に対し討ち死にや切腹は本望だ」と記しているからだ。

領国の大半を安堵された政宗だったが、同年、陸奥の大崎氏と葛西氏の旧領で大規模な一揆が発生する。このおり政宗の旧領・会津に配された蒲生氏郷は、「密かに一揆を煽動しているのは政宗だ」と秀吉に訴え、証拠として一揆方に宛てた政宗の花押も出てきた。そこで秀吉が政宗を呼びつけたところ、やはり死に装束を身につけ、行列の先頭に金箔を張った磔柱を押し立てて出頭したという。ただ、この話も史実ではない可能性が高い。

懲罰的な意味合いだったのか、翌年、政宗は国替えを命じられてしまう。本人は四国や九州に飛ばされることも覚悟したが、同じ東北地方への転封であった。とはいえ、父祖の地と切り離されたことは、悽愴たる思いだったろう。

慶長5年（1600）の天下分け目の合戦では、家康から100万石のお墨付をもらい、会津の上杉景勝を伯父の最上義光とともに攻めたが、戦後、お墨付きの約束が履行されることはなかった。翌慶長6年（1601）、家康の許可を得て政宗は仙台城を築城し、城下町建設を始めた。

慶長18年、政宗は支倉常長らを使節（慶長遣欧使節）としてスペインへ派遣した。これに関して、密かにスペインに軍事同盟を求め、幕府を倒そうとしていたという説がある。東京帝国大学教授の箕作元八が明治34年（1901）にドイツの学術誌に発表したのが始まりだ。政宗がNHK大河ドラマの主人公になった1980年代後半から再びこの説が脚光を浴びたが、研究者の松田毅一氏はその著書『伊達政宗の遣欧使節』（新人物往来社）で、使節は家康が政宗に命じて派遣させたもので、目的はメキシコとの貿易や進んだヨーロッパの鉱山採掘や造船技術の獲得にあったとし、スペイン同盟倒幕説は使節に同行した宣教師ルイス・ソテロが東日本の司教になりたいという野望を持ち、ローマ教皇やスペイン王にでまかせを喋ったのが原因だと断じた。さらに政宗は、ソテロの真意を知りながら、あえて交易の利益を優先し彼のウソを黙認したのだと言う。そうまでして政宗が交易にこだわったのは、2年前に領内が大地震による津波に見舞われ、塩害により農業に大きな被害を受けたからだという説が強い。

なお、晩年の政宗は、三代将軍家光の絶大な信頼を得て、徳川政権下で仙台藩を盤石なものにすることに力を尽くし、寛永13年（1636）に70歳で逝去した。

文=河合 敦（かわい・あつし）
歴史作家・歴史研究家。1965年東京都生まれ。早稲田大学大学院修了後、日本史講師として教鞭をとるかたわら、多数の歴史書を執筆。テレビ番組のNHK『歴史探偵』の特別顧問として人気を博す。多摩大学客員教授。

伊達政宗が築いた城下町を縦横にめぐらせた水路で潤した四ツ谷用水

広瀬川の水が城下町・仙台の生活用水になった▲

河岸段丘上の街へ水を

慶長6年（1601）、天然の要害であった青葉山に築城を始めた伊達政宗は、当時は未開の地だった広瀬川の対岸に城下町をつくることを決めた。通常、大規模な城下町は舟運に便利な河口近くの平野に築くことが多いが、仙台は広瀬川の中流にあたり、平野よりも一段高い河岸段丘地。広瀬川から約20mも高台に位置しており、城下町の造成には不向きであったが、洪水や津波の被害を受けにくい場所であることから選ばれたと考えられている。

広瀬川よりも高い場所にあるため、川から城下町に直接水を引くことはできなかった。そこで政宗は、治水の名手であった川村孫兵衛重吉＊に人工河川（用水路）の敷設を命じた。

孫兵衛は、広瀬川の上流の郷六地区に堰を築いて水を取り入れる計画を立案。宇津志惣兵衛という武士が工事奉行となって、寛永6年（1629）に完成させた。「四ツ谷用水」の名の由来は諸説あり、その一つが、取水口から城下町まで4つの谷を掛け樋（水道橋）を建造して渡したことに由来するというものである。

四ツ谷用水は、広瀬川から梅田川に通じる本流のほか、3つの支流とさらに多くの枝流に分かれて、南東方向に傾いた地形に沿って城下町をくまなく流れていた。四ツ谷用水の水路網の総延長は40kmを超えるとされ、炊事や洗濯などの排水路や消防用水として重要な役割を果たした。また、上流部では水車の

▲写真手前が広瀬川。写真奥方面に向かって、下町段丘、中町段丘、上町段丘、榴ケ岡段丘、台原段丘と河岸段丘が発達している

▲明治時代初期に描かれた、仙台城下の中心だった「芭蕉の辻」。交差する通りの中央に四ツ谷用水が流れている
（写真：仙台市博物館）

＊川村孫兵衛重吉は、長門国生まれの武将。関ヶ原の戦い後に伊達氏の家臣となり、政宗の命で、北上川から石巻港に至る運河のための水路整備、石巻の筑港工事などを手がけた

江戸時代の城下絵図に描かれた四ツ谷用水と現在の地図を比較すると、水路網と現在の道路が重なり、水路を埋め立てて道路が敷設されたことがわかる
（出典：四ツ谷用水再発見！デジタルマップ）

▼大崎八幡宮近くに残る暗渠化された四ツ谷用水

凡例

― 本流
― 第一支流
― 第二支流
― 第三支流
― 支倉通支流
― 孫兵衛堀
― 台の原街道支流
― その他の四ツ谷用水

動力としても用いられ、下流の湿地帯では排水の役目を果たして、湿地帯を居住可能な土地に変えることにも成功した。

姿を消した四ツ谷用水

　四ツ谷用水の整備以前から仙台では、飲用には井戸水が用いられていた。そのため、四ツ谷用水の水が直接人々の喉を潤すことはなかったが、水路網によって広瀬川の水は地下にしみ込んで蓄えられ、それが井戸水となって人々の役に立った。また、多くの湧き水が出ることにもなり、この豊かな水環境が、屋敷林が茂る「杜の都」を形成することになったと考えられている。

　江戸時代に仙台の街を潤した四ツ谷用水だったが、明治時代になって上下水道の整備が進むと、用水路の埋め立てや暗渠（地下に埋設した水路）化が進み、徐々にその姿を消していった。最後に残った本流も昭和30年代に工業用水道の設置にともない函渠（箱形の

◀アーケード街「クリスロード」と「ハピナ名掛丁」の境界も四ツ谷用水の跡。かつての水路に合わせてタイルが斜めに敷かれている

水路）化され、今では四ツ谷用水の遺構はわずかに残るばかり。多くの湧き水や井戸も涸れてしまった。

　2016年、四ツ谷用水は、杜の都仙台の水環境を支える近世より継承された貴重な土木遺産であるとして「土木学会選奨土木遺産」に認定された。近年、仙台では四ツ谷用水の歴史的価値を再評価して、その記憶を次世代に継承させる活動が行われてきた。また、今の時代に合わせた姿で四ツ谷用水をよみがえらせようという取り組みも行われている。

　江戸時代に仙台を潤した用水路が復活し、再び仙台が「水と杜の都」に戻る日がくるかもしれない。

伊達政宗の命を受けて
メキシコ、ローマへ向かった
支倉常長と慶長遣欧使節

伊達家の家紋の一つ
「九曜」が飾られた船▲

2つの大洋を越えて

慶長18年9月（1613年10月）、現在の宮城県石巻市月浦から1隻の洋式帆船が出帆した。船は北太平洋海流に乗って太平洋を東へ進み、北アメリカ大陸西岸（現在のカリフォルニア沖）に向かい、そこから海岸線に沿って南下。3カ月かけて、当時スペイン帝国領だったメキシコのアカプルコ港に到着した。

船の名は「サン・ファン・バウティスタ号」。仙台藩主伊達政宗の家臣である支倉常長を筆頭に、仙台藩士11名と随行の足軽や小姓たち、宣教師＊などの南蛮人、海外貿易で一旗揚げようと集まった商人など、約180人が乗船していた。

常長はメキシコの統治を任されていた副王

◀支倉常長の肖像画。マドリードで国王列席のもと洗礼を受けた
（写真：仙台市博物館）

に謁見し、政宗から預かった書状と進物を手渡して、メキシコとの直接通商交易と宣教師の派遣を望んでいることを伝えた。しかし、当時の日本ではキリスト教が禁止され、キリスト教信者を処刑しているといった情報がメキシコまで届いており、それが原因で交渉は失敗に終わってしまう。

サン・ファン・バウティスタ号に乗船していた一行の大部分はメキシコに留まり、翌年に同船で帰郷の途についた。しかし、政宗からスペイン国王とローマ教皇宛ての親書も託されていた常長率いる30人ほどの使節団は、スペインを目指して旅立った。スペイン艦隊に便乗して大西洋を横断し、南スペインの地に到達したのは、約4カ月後のことだった。

成果のない外交交渉

スペイン王国の首都マドリードに到着した一行だったが、彼らが幕府の使者ではなく、一大名の使いであるという点が問題視され、

◀復元されたサン・ファン・バウティスタ号。宮城県慶長使節船ミュージアム（2022年11月から長期休館中）に展示されていた

＊ スペイン・セビリア出身のフランシスコ会宣教師ルイス・ソテロが正使を務めた。ソテロの要請によって、当初はなかったスペイン、ローマ行きが決まったと考えられている

慶長遣欧使節の航跡

支倉常長一行は、日本人として初めて太平洋と大西洋を横断に成功してヨーロッパの国へ赴いた。マニラでスペイン艦隊に船を買収され、常長は長崎まで別の船に乗って帰国した。

1613年10月28日発
1620年9月20日頃着
仙台

1615年10月25日着
1616年1月7日発
ローマ

1614年12月5日着
マドリード

1618年8月10日頃着
マニラ

1614年1月25日着
1618年4月2日発
アカプルコ

0　　　　5000km

▼支倉常長に授与されたローマ市公民権証書。ラテン語で、ローマ市議会が常長にローマ市民の権利を与え、貴族に加えるという内容が書かれている
（写真：仙台市博物館）

国王フェリペ3世**への謁見が許されたのは、到着から40日以上も経ってからだった。政宗からの親書には、宣教師の派遣要請や通商の許可を希望することなどが書かれていたが、フェリペ3世はこれに回答することなく謁見は終了。同行していたスペイン人宣教師が全精力を傾けて奔走したものの事態が好転することはなかった。

　常長は、一縷（いちる）の望みをかけてローマ教皇に会いに行くためマドリードを後にした。約2カ月かけてローマに辿り着いた一行は、盛大なパレードで歓迎され、ローマ教皇パウロ5世との謁見も叶った。宣教師の派遣やメキシコとの貿易開始に力添えを願うといった内容が書かれた親書を渡すも、またも回答を得ることはできなかった。この時、教皇に渡された親書は現在もヴァチカンに保管されており、金箔と銀箔が全面にちりばめられた、日本では類を見ないほど豪華なものである。

　政宗から期待されていた回答を何一つ得ることができなかった常長は、失意のうちにヨーロッパを離れて、メキシコへと戻った。そして再び日本からやってきたサン・ファン・バウティスタ号でフィリピンのマニラへ。同地で2年近く過ごした後、元和6年8月（1620年9月）に仙台へ帰ってきた。月浦を出港してから実に7年後のことだった。

　7年の間に日本では幕府の禁教政策が徹底され、常長が持ち帰った品々はキリスト教に関係するものとして藩が没収。やがて慶長遣欧使節の存在は、人々の間から忘れ去られてしまう。時は流れて、明治6年（1873）。岩倉具視（いわくらともみ）率いる遣欧米使節団がイタリアを訪問した際に常長の書状を発見。250年以上の時を経てその業績が日の目を見ることになった。

仙台藩存続の危機!?
藩史最大の事件、
伊達騒動とは?

『伽羅先代萩』をアレンジした、
曲亭馬琴著『高尾船字文』▲
（写真：国立国会図書館デジタルコレクション）

伊達家のお家騒動が幕府を巻き込む

寛文年間（1661〜1673）に、仙台藩を大きく揺るがせたお家騒動がある。「寛文事件」とも呼ばれる「伊達騒動」だ。

事件は万治3年（1660）、3代綱宗が藩主に就任してからわずか2年後に、21歳の若さで強制的に隠居をさせられたことに始まる。綱宗は酒乱気味で、吉原遊郭へ通うなど素行の悪さも目に余っていた。綱宗の庶兄である田村宗良をはじめとする14人の一門や重臣らは伊達家の将来を案じ、連署で幕府に綱宗の隠居を願い出たのである。幕府は願いを聞き入れ、綱宗に隠居を命じる。そして急きょ、家督を継ぐことになったのが、このときまだ2歳の綱宗の長男、亀千代（後の4代綱村）だった。

幼い藩主の後見人として指名されたのは、隠居事件にかかわった宗良と、政宗の十男の伊達宗勝。仙台藩62万石のうちから、それぞれ3万石を与えられ、藩主を支えることになった。

初めは奉行（家老）が藩政を行っていたが、次第に宗勝が実権を握るようになる。宗勝は、藩士の職務を監察する目付の権限を強化し、伊達家代々の奉行である原田家の宗輔と手を組んで集権化をはかった。

宗勝の行動に批判が高まるなか、一門の伊達宗重と伊達宗倫の間で、領地の境界争いが起こる。この紛争に対する藩の裁定を不服とした宗重は、検地役人の不正と後見人下における藩政の混乱を幕府に訴えた。宗重は、宗勝対立派のリーダー格だったとされる。

伊達騒動の主な人物相関図

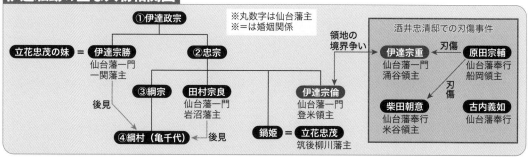

悪人か、忠臣か!?
審議中に刃傷事件に発展

　寛文11年（1671）3月7日、幕府は審議の場を設ける。最初の審問は、江戸にある老中板倉重矩邸にて開かれ、宗勝に近い原田宗輔と、奉行の柴田朝意が呼び出された。ところが、朝意は宗重に味方したため、2人の供述は食い違う。宗輔と朝意の供述を確認するため、今度は仙台から奉行の古内義如が呼ばれて審問を受けることになったが、義如もまた宗重側に付いたため、この審議は宗輔にとって厳しいものになる。

　そして3月27日、事件は起こった。この日の審問は、幕府の大老酒井忠清邸で、宗重、朝意、宗輔、義如の順で個別に行われたが、ひと通り終わったころ、突然、宗輔が宗重に斬りつけたのである。その後、朝意と宗輔が斬り合いになった。刃傷沙汰は酒井家の家臣たちが制圧したが、結果的に宗重、朝意、宗輔が死亡するという事態となった。

▼刃傷事件の事後処理に関する文書243通が納められた木箱で、通称「伊達の黒箱」（仙台市博物館所蔵）

　この事件により、藩主亀千代の後見であった田村宗良と伊達宗勝は責任を問われ、宗勝は高知へ配流、宗良は閉門*となった。また、原田家の男子は切腹を命じられ、家は断絶した。その一方、亀千代は幼少を理由にお咎めはなく、仙台藩の改易や減封もなかった。刃傷事件へと発展したこの一連の騒動は歌舞伎や小説などの題材にもなっており、歌舞伎『伽羅先代萩』や山本周五郎の小説『樅ノ木は残った』**は有名な作品だ。悪人として描かれることが多い宗輔だが、忠臣とする見方もあり、真実は未だ謎に包まれている。

▲『古代江戸絵集』の香蝶楼豊国画『伽羅先代萩』。伊達家のお家騒動を題材にした歌舞伎の演目。綱宗がモデルとされる足利頼兼や、亀千代ならぬ鶴千代などが登場し、大名家の奥御殿で女たちの駆け引きが繰り広げられる（写真：国立国会図書館デジタルコレクション）

動乱の時代に東北地方を一つにした奥羽越列藩同盟

奥羽越列藩同盟の旗印は五芒星。
古来魔除けに用いられた（写真：新庄市）▲

朝敵・会津藩への対応

　慶応4年（1868）1月、戊辰戦争の初戦となる鳥羽・伏見の戦い*で、新政府軍は旧幕府軍に勝利。この戦いの結果、旧幕府軍側で戦っていた会津藩は、徳川慶喜に与して朝廷に反旗を翻したとして「朝敵」とされてしまう。

　同月、新政府は仙台藩に会津藩の討伐を、米沢・秋田・盛岡藩に仙台藩の支援を命じた。

▲戊辰戦争における政局を諷刺した錦絵『徳用奥羽屋』。のれんの徳用の字が徳川と読める。奥羽屋は旧幕派の多い奥羽諸藩を表し、番頭が会津、後見が仙台、職人は二本松、米沢など。買い手は新政府軍を表している
（写真：国立国会図書館デジタルコレクション）

　2月になると新政府は、東北を鎮圧するための組織として「奥羽鎮撫総督府」を仙台に設置。総督府は東北地方を平定するため諸藩に会津藩討伐の命令を次々と発した。

　しかし、仙台藩や米沢藩などの大藩は、会津藩討伐に対して否定的だった。それは第一に、将軍家から頼まれて京都守護職を務めていた会津藩への同情。第二に、経済的な負担や会津藩の優れた軍事力を考慮してのことだった。

　そこで仙台藩は米沢藩とともに、会津藩討伐に対する不審点をまとめた書面を作成し、朝廷に使者を派遣。また、米沢・秋田・盛岡・二本松・弘前藩と連携をとるために各藩に使者を出した。しかし、仙台藩の模索した連携の道は秋田藩の反対によって実現せず、朝廷への提言も失敗に終わってしまう。仙台・米沢藩は、総督府からの会津征伐の督促を受けつつも、会津藩を謝罪させて戦いを回避しようと、水面下で動いた。

　同年閏4月、仙台藩主伊達慶

*鳥羽・伏見の戦いは、旧幕府軍約1万5000人に対して新政府軍は約5000人だったが、新政府軍が1日で旧幕府軍を退却させた

邦と米沢藩主上杉斉憲は、奥羽27藩に対して白石で会議を行う旨を通達。奥羽諸藩の重役による会議を開き、慶邦と斉憲の連名による、会津藩への寛大な処置を願う嘆願書を奥羽鎮撫総督府に提出した。しかし、この嘆願は却下され、これをきっかけに奥羽諸藩と総督府との関係は崩壊。奥羽25藩は盟約を結び、列藩同盟が成立。後に北越の6藩が加わり、「奥羽越列藩同盟」が誕生した。

新政府軍との戦いと敗北

会津藩への対応をめぐり、事態は新政府と奥羽諸藩の全面戦争へと発展する。伊達慶邦と上杉斉憲は、奥羽越列藩同盟の盟主として上野戦争から逃れて会津若松へと身を寄せていた輪王寺宮公現法親王**（北白川宮能久親王）を擁立。

新政府軍は、関東を平定すると同盟方の諸藩への攻撃を開始した。新政府軍との戦闘が激しくなるにつれて、秋田・新庄・矢島・三春などの藩が次々に離脱。慶応4年閏4月から新政府軍と同盟軍は各地で大規模な戦闘を

繰り広げたが、戦局はいずれも新政府軍に有利に進展した。9月に入ると米沢藩が新政府軍に降伏したのをきっかけに、仙台藩、会津藩、庄内藩も降伏。列藩同盟は崩壊し、輪王寺宮公現法親王は京都で謹慎の身となった。

敗戦後、同盟諸藩はいずれも減封され、仙台藩でも主戦派の家老らが切腹または斬首となり、藩主の慶邦は謹慎のうえ62万石の領地は没収。その後、家督の相続が許され、息子の伊達宗基に28万石が与えられた。この減封に対応するため、仙台藩は各領主の家臣を大量に解雇。家臣たちを救済すべく北海道へ集団移住する領主も現れ、なかでも亘理伊達氏は、大変な苦労の末に、現在の北海道伊達市の礎を築くほどに成功した。

▲13代仙台藩主、伊達慶邦。戊辰戦争後は江戸で謹慎となり、明治7年（1874）に死去した

▲12代米沢藩主、上杉斉憲。米沢藩は新政府軍に降伏後、会津・庄内藩に派兵。戦後は、家督を息子に譲り隠居した

▲9代会津藩主、松平容保。会津で謹慎したが鶴ヶ城を攻められ降伏した
（写真：国立国会図書館「近代日本人の肖像」）

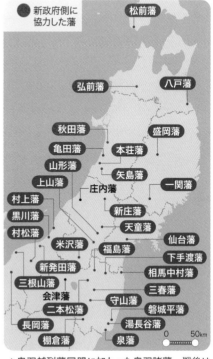

● 新政府側に協力した藩

松前藩

弘前藩　八戸藩

秋田藩　盛岡藩
亀田藩　本荘藩
山形藩　矢島藩　一関藩
上山藩　庄内藩
村上藩　新庄藩
黒川藩　天童藩
村松藩　仙台藩
　　米沢藩　福島藩　下手渡藩
新発田藩　相馬中村藩
三根山藩　守山藩　三春藩
会津藩　磐城平藩
二本松藩　湯長谷藩
長岡藩　泉藩
棚倉藩

0　　50km

▲奥羽越列藩同盟に加わった奥羽諸藩。戦後はほとんどの藩が減封となり、藩主隠居となった

＊＊輪王寺宮公現法親王は、奥羽越列藩同盟において「東武天皇」として天皇に推戴されたという説もある

69

杉田玄白の弟子にして 現代日本医学の礎を築いた 仙台藩医、大槻玄沢

240巻以上の著作を残した
大槻玄沢の肖像画（重要文化財）▲
（写真：早稲田大学図書館）

蘭学の先駆者に師事する

　大槻茂質（玄沢は通称）は、宝暦7年（1757）、仙台藩の分家である一関藩の藩医の子として生まれた。医者を志し、安永7年（1778）に江戸に遊学するのを許される。一関で13歳の時から師事していた医師の建部清庵が、江戸の蘭学医杉田玄白＊と手紙のやりとりをしていたことから、江戸では玄白の私塾で医術を学ぶとともに、前野良沢＊＊からはオランダ語を習った。

　天明5年（1785）には長崎に出向いて、オランダ通詞（通訳者）の本木良永や吉雄耕牛から、オランダ語を学んだ。翌年には、仙台藩の藩医に抜擢され、江戸で勤務することになった。これを機に玄沢は江戸で私塾「芝蘭堂」を開設。日本電気学の開祖といわれる橋本宗吉、「蘭学中期の大立者」と称される宇田川玄真、日本初の蘭和辞典を編纂した稲村三伯など、多くの俊才を育てることになる。また、天明8年（1788）には、日本初となる蘭学の入門書『蘭学階梯』を出版。蘭学の啓蒙に力を注いだ。

　医学の師である杉田玄白は、玄沢のことを「この男の天性を見るにおよそものを学ぶこと、実地を踏まざればなすことなく、心に徹底せざることは筆舌に上せず。（中略）オラン

▲岩手県一関市の一ノ関駅前にある大槻三賢人の胸像。大槻三賢人とは、大槻玄沢のほか、玄沢の次男で儒学者の大槻磐渓、盤渓の三男で日本初の辞書『言海』を編纂した大槻文彦のこと（写真：一関市観光協会）

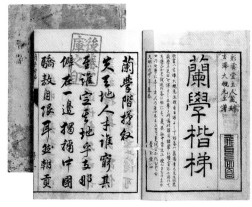

▲上下巻からなる『蘭学階梯』。出版にあたっては福知山藩主の朽木昌綱が援助したといわれる（写真：一関市博物館）

＊　杉田玄白（1733 ～ 1817）は、オランダ語の解剖書『ターヘル・アナトミア』を入手し、刑場での腑分けを見てその正確さに驚き、翻訳を決意。安永3年（1774）に『解体新書』全5巻を出版した

ダの究理学(自然科学)には生まれ得た才ある人なり」と評しており、その才能を見込んで自らが著した『解体新書』の改訂(訳し直し)を託している。

『解体新書』の改訂

『解体新書』は、西洋の解剖学および人体図鑑を翻訳した画期的な本であった。しかし玄白が出版の早期実現を優先したために、その翻訳は不十分で、玄白自身もそのことを痛感していた。そこに現れたのが才能あふれる玄沢だった。

寛政2年(1790)、玄沢は『解体新書』の改訂に取りかかった。『ターヘル・アナトミア』を翻訳するために洋の東西を問わずさまざまな文献を読み、実際に人を解剖して実物を確かめながら作業を進め、木版で制作されていた図版は、より詳細な描写が可能な銅版に変更した。計5冊の『解体新書』は、計14冊からなる『重訂解体新書』になり、もはや玄沢の著書ともいうべき書物になった。寛政10年には本文が完成していたが、出版されたのは文政9年(1826)のことで、着手から36年が経っていた。このとき玄沢が訳語と

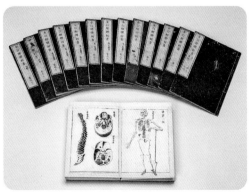

▲『重訂解体新書』は、4冊の本文のほか、名義解6冊、付録2冊などからなる(写真:一関市博物館)

して生み出した「鎖骨」や「結腸」などは、現在でも医学用語として使われている。

『解体新書』の改訂作業を手がけていた、寛政6年。玄沢はユニークな催しを開催している。太陽暦(グレゴリオ暦)の1795年1月1日にあたる閏11月11日に江戸の蘭学者を「芝蘭堂」に集めて「おらんだ正月」を祝う会を開いた。これはオランダ人の新年の祝いを真似たものだったが、日本人による、初めての太陽暦の元日の宴であった。以後、この新年会は蘭学者の間で恒例となったという。

大槻玄沢は、杉田玄白や前野良沢ら先学から学び、蘭学を開花させた。その上、後進の育成にも力を注ぎ、日本における蘭学を含めた学芸史上に極めて大きな功績を残している。なお、通称である玄沢という名は、杉田玄白と前野良沢の名から一文字ずつもらったものである。

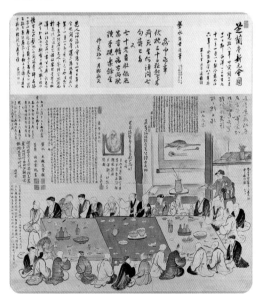

▲寛政6年の「おらんだ正月」を祝った際の様子を描いた『芝蘭堂新元会図』(重要文化財)。食卓の上にはフォークやスプーン、お酒が入っていると思われる瓶やグラスが描かれている(写真:早稲田大学図書館)

＊＊ 前野良沢(1723～1803)は、青木昆陽にオランダ語を学び、杉田玄白らとともに『ターヘル・アナトミア』を翻訳。翻訳の不備が多かったことから、『解体新書』には自分の名を残すことを拒否したといわれる

世界一周をした最初の日本人は宮城の船乗りだった！

一行はペテルブルグで気球ショーを見物▲

数奇な運命をたどった16人の乗組員たち

　寛政5年（1793）11月、仙台藩の米約1300俵と材木約400本を積んだ千石船＊「若宮丸」は、乗組員16人で石巻を出港し、江戸へ向かっていた。ところが、現在の福島県塩屋崎沖で暴風雨のため帆柱を失い漂流。約半年後の寛政6年5月、アリューシャン列島の小島に漂着した。乗組員全員で上陸できたが、直後に船頭の平兵衛が亡くなった。

　一行は、先住民族アリュートやロシア人の援助を受けて、ウナラスカ島で約1年間を過ごす。その後、シベリア最大の都市イルクーツクへ送られることに。当時、ロシアは日本との通商を望んでおり、漂流民が交渉に役立つと考えられたからである。イルクーツクまでは、馬で約5〜6カ月の道のり。道中のヤクーツクで、1人が病死した。

　約3000戸の家々が建ち並ぶバイカル湖畔の町で、漂流民たちは7年間、暮らすことになった。次第に日常会話ができる程度のロシア語を覚え、湖で漁をしたり、麦で酒を作って売ったりするなどして、生活にも馴染んでいった。イルクーツクでは、11年前に遭難してロシアに流れ着いた伊勢の船乗りの新蔵と庄蔵に出会う。彼らの影響もあり、4人がロシア正教の洗礼を受けた。

首都ペテルブルグでロシア皇帝に謁見

　その頃、ロシア皇帝に即位したアレクサンドル一世は、日本との通商交渉を本格的に進めるため、漂流民たちを首都のペテルブルグに呼び出した。そこで、約50日間かけて昼夜問わず馬車で走り続けたが、出発時には13人いた漂流民のうち、途中で3人が脱落した。

　到着した漂流民一行10人は歓迎を受け、気球、プラネタリウム、芝居小屋など最先端の娯楽を見学。享和3年（1803）5月、皇帝アレクサンドル一世と謁見した際、彼らは、帰国の意志を尋ねられた。当時の日本は、海外

▲ロシア皇帝アレクサンドル一世（在位1801〜1825年）とその妻。絢爛豪華な宮殿で10人の乗組員は皇帝に謁見

渡航やキリスト教が禁じられていた時代。ゆえに不安も大きかったのだろう。帰国を希望したのは津太夫、儀兵衛、左平、多十郎の4人。6人は帰化し、ロシアに残ることを選んだ。

同年6月、遣日修好使節レザーノフを隊長とする世界周航船ナジェージダ号は、津太夫ら4人を乗せ、ペテルブルグを出港。デンマーク、イギリス、テネリフェ島を経て大西洋へ。赤道を越え、マルケサス諸島やハワイを経由して、カムチャツカ半島のペトロパブロフスクに寄港。その後、約1年3カ月の世界一周航海の末、文化元年（1804）9月、長崎港に到着した。4人が日本の土を踏んだのは、石巻を出港してから11年ぶりのことだった。

鎖国をしていた幕府は通商を断り、ロシア使節は漂流民4人を残して出発した。上陸した4人は幕府の取り調べを受けたあと、仙台藩の役人に引き渡され、江戸へ。仙台藩下屋敷で、

▼ロシア語で「希望」という意味のナジェージダ号で世界一周を成し遂げた。長崎で九州諸藩の船に取り囲まれている

学者の大槻玄沢と志村弘強が聞き取りを行い、彼らの漂流から世界一周までの驚くべき体験は、『環海異聞』という本にまとめられた。

文化3年4月、津太夫と左平は故郷の寒風沢に、儀兵衛と多十郎は室浜に帰り着いた。室浜に戻った2人は同年亡くなったが、津太夫は帰郷から8年後に70歳で、左平はその15年後に67歳で生涯を閉じた。

若宮丸乗組員の世界一周の足跡 （出典：石巻若宮漂流民の会の資料をもとに作成）

ペテルブルグ
コペンハーゲン
ファルマス
モスクワ
イルクーツク
シベリア横断
ヤクーツク
オホーツク
ペトロパブロフスク
小島に漂着
アリューシャン列島
長崎
石巻
遭難・漂流
オアフ島
ハワイ諸島
ヌク・ヒバ島
マルケサス諸島
再び赤道を越える
サンタ・カタリナ島
ナジェージダ号で航海
テネリフェ島
赤道を越える

0　　5000km

（P72-73の写真3点：『環海異聞』より。国立国会図書館デジタルコレクション）

官位昇進にこだわった第7代藩主・伊達重村

仙台藩7代藩主・伊達重村は、6代宗村の次男として生まれたが、嫡男の久米之丞が夭折したため跡継ぎとして育てられ、39歳の若さで父が亡くなると、15歳で家督を相続した。宝暦6年（1756）のことである。

仙台藩では以前からたびたび自然災害が領内を襲い、財政難にあえいでいた。とくに重村が藩主になる前年（宝暦5年）、4月から夏まで長雨が続いたうえ冷夏だったので稲がほとんど実らず、10月には北上川が大氾濫したこともあり、約54万石（仙台藩の石高は62万石）が損耗となる大凶作となった。そのため米不足で価格が暴騰し、貧しい者たちは餓え、領内では約2万人の餓死者を出してしまう。

財政も一気に赤字に転落し、宝暦8年（1758）には参勤交代で国元に戻る金すら捻出できず、旅費を幕府に借りようとしたが断られた。『伊達家譜』によると、重村はやむなく期日に出立し、千住宿を過ぎたあたりで野営のために陣幕を張りめぐらし、所持していた火縄銃を連射させたという。驚いて役人が駆けつけると、重村は陣笠・陣羽織姿で床几に座っており、「金がないので野営を張り、鳥を撃って食糧を確保しようとしただけだ」と言い放った。そこで仕方なく幕府は、金銭の借用を認めたとされる。

こうした状況だったにもかかわらず、重村は宝暦10年（1760）ぐらいから官位昇進のため幕閣に猛烈な猟官運動を始めた。薩摩藩島津家に対抗しようとしたのだ。

島津家とは家康の時代から同格の家柄として扱われ、両家の新藩主は自動的に従四位下左近衛権少将の官職を与えられ、その後は同時期に従四位上左近衛権中将に叙された。

その均衡が破られたのは、6代将軍家宣のときのこと。家宣が将軍に就いたさい、4代薩摩藩主・島津吉貴は支配下にある琉球使節（慶賀使）を連れて家宣に拝謁し、その功により従四位上左近衛権中将に昇進したのである。仙台藩主（5代）吉村が同じ官職にのぼったのは翌年のことだった。さらに次の家継（7代）の代替わりのさい、再び吉貴が慶賀使を参府させた功で正四位・左中将にのぼった。これを知った吉村は「自分も同じ地位にしてほしい」と願い出たが、ついに認められなかった。伊達家にとっては、屈辱的な措置であった。

宝暦10年に重村が昇進活動を始めたのは、この年に将軍が家重（9代）から家治（10代）へ代替わりし、薩摩藩主・島津重豪が琉球の慶賀使を参府させるという噂が出たからだ。

家督を相続したのは重豪のほうが1年だけ早かったが、年齢は重村より3歳年下だった。そんな重豪に先を越されてはかなわない。そこで同年5月、老中首座の堀田正亮に書簡を送り、これまでの経緯を詳しく語ったうえで、「どうか重豪よりも私を先に昇進させてほしい」と訴えた。

ここまで官職の昇進にこだわるのは不思議

な気がするが、外様大名は幕府の役職につくことができず、石高や官職の上下によって他大名との差別化をはかるしかなかった。そのうえ、官職によって江戸城での控えの間や席次、服装なども異なり、その違いは一目瞭然になる。

さらにいえば、重村が負けず嫌いだったことも昇進運動と関係しているかもしれない。

重村はあるとき、さる大名から饗応を受けたが、料理に珍しい焼き鰈（かれい）が出た。あまりに美味だったので、重村は白い腹側を食べたあと、ついついひっくり返して黒い背側にも箸をつけた。

これを見た大名は、「藩主たるものが鰈の背中を食べるものではありませんよ」と告げた。

すると重村は、「我が領国で採れる鰈は、みな背中も白い。だからこの鰈も背が白いと思い、つい箸をつけてしまったのだ」と答えたのである。もちろんそれは嘘、負け惜しみだった。するとその大名は、「ぜひその実物が見たいものだ」と皮肉を言った。

そこで藩邸に戻った重村は、家中に対し、白い鰈を捕まえてくるよう厳命したのだ。

家臣たちは困ったが、主命には抗えず、漁師たちを総動員して探させたが、もちろんそんな魚は見つからない。そう思っていたところ、不思議なことに偶然、宇田郡釣師浜で全身白色の鰈が捕獲されたのだ。そこで重村は、この鰈を干物にしてすぐに江戸に送らせ、後日、その大名に見せたという。

さて、重村の官位昇進運動である。なかなかその希望はかなわぬまま月日が流れ、結局、4年後の明和元年（1764）、謝恩使を参府させた功績により、先に島津重豪が従四位上左近衛権中将に叙されてしまった。

衝撃を受けた重村は、来年、自分も必ず昇進させてもらおうと、側近の古田良智に具体的な方策を指示して老中首座の松平武元や側衆の田沼意次に接近させた。とくに、武元の用人・宮川古仲太と意次の用人・井上寛司に昵懇になるよう古田に力説している。

こうした積極的なアプローチをしたものの、「重村は若年であり、謝恩使を参府させた重豪のような功績もない」という反対意見が出て閣議で却下されてしまった。

だが、重村は諦めず、さらに大奥の筆頭老女（実力者）・高岳や奥医師の河野千寿院などにも猛然と働きかけていった。お礼として高岳のために豪華な屋敷を建てたり、意次の用人に禄（終身15人扶持）を与えるなど、莫大な謝礼を支払っている。

普通は避けようとするお手伝い普請（幕府が大名に命じる大土木工事）も、「ぜひお引き受けしたい」とまで願い出るほどだった。このため明和4年（1767）、仙台藩は関東諸川普請を命じられた。同年、この功により伊達重村は、ようやく従四位上左近衛権中将に叙された。

ただ、普請にかかった費用はなんと22万両。これを重村は、家臣への家禄上納や領民の献金というかたちで集めたが、当然、領民にも大きな負担としてのしかかることになった。

▶伊達重村肖像
（写真：仙台市博物館）

江戸時代からの悲願
品井沼干拓を達成した
「わらじ村長」鎌田三之助

鹿島台小学校に立つ
三之助の銅像▲
（写真：鎌田記念ホール）

故郷を豊かな土地に 品井沼の干拓事業

　わらじ村長こと鎌田三之助は、文久3年（1863）、木間塚村（現宮城県大崎市鹿島台）の豪農の家に生まれた。15歳のとき、東京の明治法律学校（現明治大学）で学び、政治家を志すも、21歳で故郷に戻り、品井沼の干拓事業に乗りだした。

　品井沼は周囲約16.5km、面積約1800haの広大な沼で、もともと干拓が始まったのは、4代仙台藩主・伊達綱村の時代。大雨のたびに水害を起こしたため、元禄6年（1693）、松島丘陵に用水路をつくり、潜穴（トンネル）を掘って品井沼の水を松島湾に流す工事を行い、約7.4km（トンネル部分約2.6km）の排水路が完成した。しかし、この元禄排水路は年月を経てトンネルが崩れ、水がうまく流れなくなっていた。

　祖父や父が品井沼の排水事業に生涯を捧げたこともあり、三之助もその意思を継ぎ、新しい排水路をつくろうと考えた。32歳で県議会議員、39歳で衆議院議員となり、県や国に対して新しい排水路（明治排水路）をつくる運動を推し進めた。その努力が報われ、明治39年（1906）、ついに工事が始まった。

　工事が進む中、村では干拓資金が掛かりすぎるなどの理由で反対運動が起こり、工事は一時中断された。そのころメキシコに渡り、移民事業に取り組んでいた三之助は、県知事からの知らせを受けて急遽帰国。一軒一軒家を訪ねて回り、言葉を尽くして反対派を説得

▲仙台藩が5年かけてつくった元禄排水路の穴頭。その後、風化や地震などで内部が崩落した（写真：松島町教育委員会）

◀つぎはぎの古びた洋服、脚絆、わらじ履きが印象的な「わらじ村長」こと、鎌田三之助（1863〜1950）
（写真：鎌田記念ホール）

▼困難の末、明治43年に完成した明治排水路の出口。現在は明治潜穴公園として整備されている（写真：松島町教育委員会）

した結果、無事に工事は再開された。

村長自ら手本となり財政立て直しに尽力

　46歳で鹿島台村の村長に初当選した三之助は、品井沼の干拓工事を進めるとともに、村の財政を立て直すため、自ら率先して質素、倹約に努めた。10期38年間、村長を務めたが、報酬は一切受け取らず、自分から手本を示すために、古びた衣服にわらじ履きで村を回ったという。そんな三之助の姿を見て、村の人々は「わらじ村長」と呼んで敬った。

　村長に就任した翌年の明治43年、苦労と努力の末、全長約6.9kmの明治排水路（トンネル部分約1.3km）が完成。その後も昭和17

▲鹿島台にある鎌田記念ホールでは、三之助の偉業や品井沼の干拓事業を紹介（写真：鎌田記念ホール）

年（1942）頃まで、川の流れを変えたり、堤防を築いたりする工事が行われ、現在のような水田地帯の基盤が整備された。三之助は工事の完成を見届けたあと、87歳でこの世を去った。

　品井沼干拓を成し遂げた三之助の遺徳を偲び、鹿島台では毎年8月に「わらじまつり」が開催されている。

品井沼流域の変遷

元禄以前、吉田川や鶴田川が注いでいた品井沼の水は、小川から鳴瀬川へと流れ出ていた。水害をなくすため、元禄年間、明治年間に潜穴を開削。昭和に入ってから吉田川サイフォン＊が完成し、吉田川と品井沼が分離された。

元禄以前

明治潜穴完成後

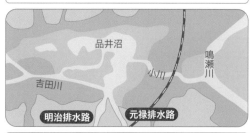

現在

（出典：宮城県の『鶴田川 品井沼遊水地』をもとに作成）

＊堤防で吉田川と品井沼を分離し、鶴田川を吉田川の下に潜らせ、立体交差させている

日本で最初の近代港湾建設プロジェクト
幻の野蒜築港

突堤の築造用材で建てられた野蒜築港跡の碑▲

国家の威信をかけた大事業

新政府は、欧米諸国の技術や文化を導入し、近代国家への歩みを急速に推し進めていた。そうした窓口として重要視されたのが、港湾である。そこで明治政府が最初に洋式港湾の建設に着手したのが、松島市の野蒜港だ。同港は三国港(福井県)、三角港(熊本県)とともに明治三大築港*と呼ばれた大事業である。

野蒜築港は、宮城、岩手、福島、山形を結ぶ巨大な経済圏をつくりあげるという大規模な構想のもと、内務省が中心になって築港事業を進めた。そもそも内務卿の大久保利通がこの計画を立案したのであり、彼の命により、

オランダ人技師ファン・ドールンが土地の選定と設計を担当することになった。ドールンは、鳴瀬川河口の野蒜に内港・外港を建設するほか、運河や河川を整備して、宮城県内の主要都市と各県を結ぶ水運ネットワーク構想**をまとめた。こうして明治11年(1878)、東北地方の経済を担う一大プロジェクトとしての野蒜築港が始まった。

嵐に消えた野蒜築港計画

築港計画は、第一期工事で運河開削と内港地区建設、第二期工事で外港地区建設を行うというもの。第一期工事は、明治11年6月、石井閘門築造と北上運河の開削からスタートし、苦難の末、4年後に完成した。

引き続き外港地区工事が進められることになっていたが、明治17年9月、第一期工事の終了後ほどなく、野蒜港を台風が直撃。突堤は破壊され、内港は閉鎖せざるを得ない状況になった。これを機に、政府は技術的、財政的、立地的な条件をあらためて検討した結果、野蒜築港計画を断念したのである。

東北最大の国家プロジェクトだった野蒜築港は幻となったが、その遺構は今も残り、東日本大震災後に整備された防潮堤には、「野蒜築港跡」と刻まれた記念碑が立つ。

野蒜築港遺構MAP

石巻へ
0 200m
東松島市
鳴瀬川
上の橋
中の橋
新鳴瀬川
下の橋
石井閘門へ
北上運河
野蒜築港跡の碑
東名運河
仙台湾
西突堤
東突堤

主な野蒜築港の遺構

鳴瀬川河口部突堤 (竣工：明治15年)

内港部への入り口として海に突き出して築造された防波堤で、当時の全長は東突堤約314.5m、西突堤約269.1m、突堤の間隔は約91m。明治17年の台風で被災した。現在の突堤は昭和20年代末に修復され、その後も数回にわたり改修された。
(写真提供：宮城県観光プロモーション推進室)

北上運河 (竣工：明治14年)

延長13.9km。旧北上川から鳴瀬川までを結ぶルートして開削。開通後は小型汽船が就航し、一時は貨客輸送で栄えたが、築港工事の失敗などにより廃れた。

▼鳴瀬川河口と北上運河の交点

新鳴瀬川架橋レンガ橋台 (竣工：明治14〜15年)

内港部への土砂対策として開削された新鳴瀬川によって、離れ島になった市街地とつなぐため、上の橋、中の橋、下の橋の3つの木橋が架けられた。橋の土台はレンガ造りで、1つの橋につき3基の橋台が左右両岸に向き合っている。
(写真提供：宮城県観光プロモーション推進室)

東名運河 (竣工：明治17年)

延長3.3km。鳴瀬川から松島湾までを結ぶルートとして開削。北上運河とあわせて野蒜運河ともいう。築港工事の失敗や東北本線の開通などにより衰退した。

石井閘門 (竣工：明治13年)

北上川と北上運河の分岐点に、水位調節と船の運航などのために築造された。日本最古の可動ゲートをもつレンガ造りの西洋式閘門で、国指定の重要文化財。
(写真提供：宮城県観光プロモーション推進室)

赤痢菌を発見し、世界の医学界に貢献した細菌学者、志賀潔

仙台の勾当台公園にある志賀の胸像▲

北里柴三郎に師事し、赤痢の病原体を発見

19世紀末から20世紀初頭にかけて、自然科学の分野で多くの日本人が世界的な活躍をみせた。その一人が、赤痢菌を発見した志賀潔である。明治3年（1870）、仙台藩士の佐藤家に生まれた志賀は、代々仙台藩の藩医を務める家柄だった母方の生家、志賀家の養子となった。祖父の跡を継いで医者になることを周囲から期待されるなか、第一高等中学校（現仙台第一高等学校）に入学。そこで顕微鏡を使って調べることに興味をもち、細菌学という医学分野への道があることを知る。

帝国大学医科大学（現東京大学医学部）に進

◀志賀潔（1871～1957）。ドイツから帰国後は、赤痢ワクチンや結核、ハンセン病の研究に努めた。昭和19年文化勲章受章
（学校法人北里研究所北里柴三郎記念室所蔵）

学し、卒業後は、細菌によって引き起こされる伝染病の予防や治療法を研究するため、北里柴三郎が所長を務めていた大日本私立衛生会の伝染病研究所（現東京大学医科学研究所）に入所した。最初の数カ月は、細菌学の第一人者である北里から基礎的な実験方法を厳しく、徹底的に指導された。

明治30年6月、関東を中心として、全国的に赤痢が大流行する兆しが見られた。赤痢にかかると激しい下痢を起こし、便に血が混じり高熱の症状などが現れる。総患者数はおよそ9万人ともいわれたが、当時は病原体の正体は不明で治療法がなく、命を落とす人も多かった。北里から赤痢を研究テーマに与えられた志賀は、すぐに下宿を引き払って研究所に泊まり込み、日夜研究に打ち込んだ。患者

▲志賀は、74歳まで北里研究所で細菌学の研究を続けた
（学校法人北里研究所北里柴三郎記念室所蔵）

▼赤痢菌発見の論文『赤痢病原研究報告』第一（明治31年1月発行）（写真：国立国会図書館デジタルコレクション）

▼大正3年の創立当時の北里研究所の建物。多くの優秀な門下生を輩出した（学校法人北里研究所北里柴三郎記念室所蔵）

から集まるすべての検体を培養、分離、染色して、辛抱強く顕微鏡で調べる地道な作業。苦労の末、ようやく病原菌と考えられる桿菌＊にたどり着くが、何度実験してもこれが赤痢の原因だという検証結果が出なかった。

　ある日、図書館でフランスの細菌学者ビダールの腸チフスの診断についての論文を目にし、赤痢菌への応用を思いつく。さっそく検証方法を検討し、約1カ月後には、ある桿菌が赤痢患者の血清のみに反応することを突き止めた。赤痢が大流行するなか、志賀の命がけの研究によって、ついに赤痢菌の正体が判明したのである。赤痢の研究に着手してからわずか半年後の12月、日本細菌学雑誌で赤痢菌に関する最初の論文を発表し、翌年にはドイツ語で論文を発表。赤痢菌の学名「*Shigella dysenteriae*（シゲラ ディゼンテリエ）」は、発見者の志賀の名前に由来する。

睡眠病の治療法も発見した化学療法の先駆者

　明治34年、志賀は内務省の伝染病研究所第一部長を経て、ドイツに留学。当時の細菌

学の最高権威で、化学療法＊＊の創始者でもあるエールリッヒに師事し、化学療法、免疫学、生物化学などを研究した。そして、ツェツェバエの媒介により引き起こされる感染症「アフリカ睡眠病」の有効薬「トリパンロート」を発見し、エールリッヒとの共同論文を発表。世界初の化学療法にも携わっている。

　帰国後の大正3年（1914）、伝染病研究所を辞職し、北里研究所の創立に携わる。その後、慶應義塾大学医学部教授、朝鮮総督府医院長、京城医学専門学校長、京城帝国大学（現ソウル大学）総長などを歴任。文化勲章、ハーバード大学の名誉博士号など数々の栄誉を受け、昭和24年（1949）には故郷仙台市の名誉市民に選ばれ、85歳で亡くなった。

▲東京都港区にある北里柴三郎記念館展示室では、貴重な資料を紹介（学校法人北里研究所北里柴三郎記念室所蔵）

＊＊化学物質を用いて生体内の病原寄生体に対し、直接増殖を阻害して治療する方法。がんなどの治療に用いられる

大正デモクラシーの旗手、吉野作造が目指した民主主義の社会

吉野が購入・愛読していた
とされる新約聖書▲

キリスト教の教えが思想の原点に

　吉野作造は、明治11年（1878）、志田郡大柿村（現大崎市古川十日町）で、糸や綿を扱う商家「吉野屋」の12人きょうだいの長男として生まれた。小学校を卒業後、宮城県尋常中学校（現仙台第一高等学校）を経て第二高等学校（現東北大学）へ進学。在学中にアメリカ出身の宣教師で尚絅女学校（現学校法人尚絅学院）校長のアニー・S・ブゼルが開いていたバイブルクラス（聖書教室）に参加し、キリスト教の自由と平等を大切にする教えと出会う。この教えは吉野の思想の礎となる。また同じクラスには、後の大正デモクラシー*の担い手となる内ヶ崎作三郎**や小山東助などがいた。信仰の道を選ぶことを決心した吉野は、20歳のとき、内ヶ崎らとともに洗礼を受け、クリスチャンになった。

　高校卒業と同時に結婚。その後、東京帝国大学（現東京大学）政治学科へと進み、政治学者の道を歩み始める。大学院在学中には、初

▲バイブルクラスの集合写真。窓枠に腰かけているのがブゼル。
前列右から2人目が小山東助、中列左から3人目が吉野

▲吉野作造（1878〜1933）は、大正デモクラシーの先駆者で、「日本民主主義の父」と称される。高校時代にバイブルクラスに参加し、クリスチャンに。大学時代に牧師・海老名弾正と出会う

代中華民国大総統である袁世凱の息子の家庭教師を任され、中国へ渡ったこともあった。

　政治学を修めるため、文部省の命によりヨーロッパ諸国やアメリカへ3年間留学。留学を通して、宗教と政治のつながりを認識し、民主政治の根底にはキリスト教の精神があると考えるようになった。同時に、大きく変化しつつある世界を目の当たりにしたことで、社会を動かすためには民衆の力が重要であることを身をもって学んだのである。帰国後の大正3年（1914）、東京帝国大学の政治史の教授に昇任した。

民本主義を唱え、デモクラシー運動を牽引

　この年から、雑誌『中央公論』に次々と政治評論を発表する。特に、大正5年1月号の「憲政の本義を説いて其有終の美を済すの途を論ず」という論文では、デモクラシーを「民本主義」と訳し、民主主義の必要性を説いた。当時の日本では、高額納税者にしか選挙権が与えられず、大多数の国民は政治に参加できなかった。これに対して吉野は、普通選挙法の施行と政党政治の実現を主張。大正デモクラシー運動の中心人物となる。吉野が説いた「民本主義」は、より良い政治を求める国民

▲東京・駒込の自邸にて。書斎は、フランク・ロイド・ライトの下で帝国ホテルの設計にも携わった遠藤新が設計

▼吉野作造 編 『明治文化全集』 第4巻 憲政篇の一部
（写真：国立国会図書館デジタルコレクション）

に広く受け入れられ、大正14年の普通選挙法の成立へとつながっていく。

　その一方、日本政府と対立していた中国や朝鮮の人々とも交流を深め、武力による植民地支配や帝国主義的な日本の外交を批判。新人会や黎明会などの思想運動団体を組織し、知識人や学生たちに強い影響を与えた。

　また、キリスト教徒の奉仕団体である東大YMCA理事長として、賛育会（病院）、簡易法律相談所、家庭購買組合（生活協同組合）を設立するなどの社会事業を行ったほか、大正13年には明治文化研究会を結成し、『明治文化全集』を刊行。明治文化史の研究にも貢献するなど、幅広く活動を続けた。

　日本が民主主義へと歩み始めるきっかけをつくった吉野作造は、軍国主義が台頭し始めた昭和8年（1933）、55歳でこの世を去った。

◀大崎市にある吉野作造記念館
（写真提供：宮城県観光プロモーション推進室）

（P82の写真3点、P83左下の写真：吉野作造記念館所蔵）

＊＊黒川郡富谷村（現富谷市富谷新町）出身の政治家。バイブルクラスで吉野と出会い、生涯の友に。労働問題、女性の地位向上、教育問題などに取り組んだ

甚大な被害をもたらした東日本大震災から復興への歩み

「心の復興」を願う「コダナリエ」は
山元町の冬の風物詩▲

復旧・復興に向けた県の取り組み

　東日本を中心に、未曽有の被害をもたらした2011年の東日本大震災*。震源に一番近い宮城県では、栗原市で最大震度7を観測するなど、大きな揺れがあった。地震で発生した大津波により、県内では1万人を超える死者を出し、未だ1000人以上の方が行方不明である。沿岸部の広範囲で壊滅的な被害を受け、内陸部でもライフラインやインフラなどが大きな被害を受けた。避難所での生活を余儀なくされた被災者は最大32万人にものぼり、物的被害の総額は9兆円を超えている。

　震災が発生してから10年間を目標として復興を達成するため、県は「宮城県震災復興計画」を策定し、復旧・復興に向けたさまざ

▲東日本大震災による津波の影響で被害を受けた当時の
石巻市沿岸部の様子

まな取り組みを進めてきた。その結果、震災後に5路線が運休となった県内在来線は、全線復旧。仙台から八戸(青森県)までをつなぐ復興道路(三陸沿岸道路)は、県内区間も含め全線開通するなど、主な交通インフラは、多くの地域で復旧が完了している。

　基幹産業である水産業関連については、県内142のすべての漁港が被災したが、2021年時点で94%が復旧。気仙沼市、石巻、南三陸町、塩竈市、女川の5つの主要魚市場はすべて復旧が完了した。一時は10%以下にまで落ち込んだカキの養殖業の生産量は、震災前の40%程度まで回復し、ホタテガイやホヤも50〜60%までになるなど、いずれも回復傾向にある。

　一方、心のケアや地域のコミュニティづくり、東京電力福島第一原子力発電所事故被害への対応など、中長期的な支援が必要な課題も多い。2021年4月から、県は「新・宮城の将来ビジョン」に計画の理念を引き継ぎ、被災地の復興完了に向けた支援に取り組んでいる。

新たな一歩へ各自治体のまちづくり

　被災した各自治体でも、新たなまちづくりが進められている。市町村のなかでも、特に

＊2011年3月11日、東北地方太平洋沖で起こった巨大地震とそれに伴う津波によって引き起こされた震災。
東京電力福島第一原子力発電所が被災し、放射性物質が漏出する重大事故となった

被災率が高かったのが最大14.8mの高さの津波に襲われたとされる女川町だ。人口約1万人のうち、死者・行方不明者は827人、全住宅の約90%が被害を受けた。町では復興計画を策定し、高台に公営住宅を整備。温泉施設が併設された女川駅を再開し、駅前に新たな商業施設を開業するなど、中心市街地を拠点にしたまちづくりを行っている。

約9500世帯が被災した気仙沼市でも、再建に向けて新しい取り組みを積極的に行ってきた。2019年には気仙沼大島と本州とを結ぶ「気仙沼大島大橋」が開通し、新魚市場が完成。2021年にはNHKの連続テレビ小説の舞台となり、話題になった。また、カツオの水揚げ量は、震災を挟んで26年連続日本一になるなど、明るいニュースが続く。

震災の記憶と教訓を風化させず、将来に伝えるため、県内各地に震災遺構や伝承施設などが整備されている。

(※本文中のデータは2021年時点のものです)

東日本大震災の遺構・伝承施設MAP

● 津波による被災エリア

気仙沼大島大橋
岩手県
気仙沼市
三陸復興国立公園
南三陸町
宮城県
山形県
石巻市
女川町
松島町
仙台市
仙台湾
名取市
小平農村公園
（コダナリエ）
山元町
福島県

（出典：宮城県「みやぎ復興のたび」をもとに作成）

0　　　20km

Ⓐ気仙沼市復興祈念公園
Ⓑリアス・アーク美術館
Ⓒ唐桑半島ビジターセンター
Ⓓ気仙沼市 東日本大震災遺構・伝承館
Ⓕ石巻南浜津波復興祈念公園／みやぎ東日本大震災津波伝承館
Ⓖ石巻市震災遺構門脇小学校
Ⓗ東松島市震災復興伝承館／旧野蒜駅プラットホーム
Ⓘ石巻市震災遺構大川小学校
Ⓛせんだい3.11メモリアル交流館
Ⓜ塩竈市津波防災センター
Ⓝ多賀城市東日本大震災モニュメント
Ⓞ松島町石田沢防災センター
Ⓟ名取市震災復興伝承館
Ⓠ名取市震災メモリアル公園
Ⓡ岩沼市千年希望の丘交流センター
Ⓢ山元町防災拠点・山下地域交流センター 防災情報コーナー

Ⓔ 南三陸町震災復興祈念公園

犠牲者の追悼の場であるとともに、復興を祈念する場として整備された。公園の中央部に「祈りの丘」がある

Ⓙ 東日本大震災遺構 旧女川交番

津波により、鉄筋コンクリート2階建ての女川交番は基礎ごと横倒しになった。その被災当時の姿を残している

Ⓚ 震災遺構 仙台市立荒浜小学校

校舎2階まで津波が押し寄せ、大きな被害を受けた。震災当日、児童や教職員、住民約320人が避難した校舎を公開

Ⓣ 山元町震災遺構 中浜小学校

屋上に避難した児童や教職員、保護者ら約90人の命を守り抜いた校舎。閉校となった校舎を保存・公開

（P84-85のすべての写真提供：宮城県観光プロモーション推進室）

杜はどこにある？
「杜の都」仙台の
ルーツをたどる

青葉山公園に立つ政宗の騎馬像▲

江戸時代の仙台は
森の中にあった？

「杜の都」*のキャッチフレーズで知られる仙台。定禅寺通をはじめとする大通りには、ケヤキの大木など立派な街路樹が連なる。まさに、その名にふさわしい景観だが、並木道が造られたのは、戦後になってからのこと。この豊かな緑に包まれた町の原点は、今から約400年前の江戸時代に遡る。

慶長6年（1601）に仙台藩祖・伊達政宗が築いた仙台の城下町は、その大部分を武家屋敷が占めていた。政宗は、屋敷の敷地内には飢饉に備えて、クリ、ウメ、カキなどの果樹や、生活用品の材料になるスギ、タケ、ケヤキなどの樹木を植えることを藩士たちに推奨した。こうして生まれた屋敷林に加え、寺や神社に植えられた木々、三方を囲む丘陵地帯の原生林と一体化し、仙台の町全体が緑に覆われたように見えたという。

明治維新後も、武家屋敷の多くは住宅として利用され、屋敷林もほぼそのままの状態で引き継がれた。近代以降、政府による都市開発で日本各地に近代的な工業地帯が造られたが、東北地方は工業化の波に乗り遅れていた。そのことが幸いし、仙台には古き良き城下町の雰囲気が残されたのである。

さらに明治初期から中期にかけて、屋敷跡

▲サクラの名所として知られる榴岡公園。4代仙台藩主綱村が、京都から取り寄せた1000本余りのシダレザクラを植えたのが始まりといわれる

◀仙台城跡の天守台付近からの眺め。眼下に広瀬川と仙台の町並みを望む

* 仙台市は、市民に親しまれている緑のスポットなどを公募して、「わがまち緑の名所100選」を実施。並木やサクラの名所などを紹介している

▼仙台の中心部を流れる広瀬川。川沿いは自然豊かで、仙台のシンボルとして市民に親しまれている

▼明治8年に開園した、市内でもっとも歴史のある西公園。新緑や花見の名所として市民に親しまれている

地に公園や街路樹が整備され、仙台の資産家が庭園を造るなどして、町の豊かな緑は人々によって維持された。

仙台が「杜の都」と呼ばれるようになったワケ

仙台が「森の都」と呼ばれるようになったのは、明治後期頃からといわれ、明治42年（1909）に発行された仙台の観光案内書には、「森の都」と記されている。

第二次世界大戦下の昭和20年（1945）7月、空襲によって仙台は焼け野原となり、一時は

森の緑も失われてしまった。しかし、その後の復興により、定禅寺通や青葉通などの街路樹、青葉山公園や西公園、勾当台公園などが整備され、近代的な都市と緑が融合した新たな「杜の都」へと生まれ変わった。

昭和45年に仙台市が公害市民憲章を制定したのをきっかけに、「杜の都」の「杜」の字が定着したといわれている。そこには、自生している樹木や草花だけでなく、寺社や屋敷の周りを取り囲む「緑」、人々が協力し合い、長い年月をかけて育ててきた「緑」こそ仙台の宝という想いが込められている。

▲杜の都・仙台の象徴ともいえる定禅寺通。並木のアーチが印象的

仙台中心部の主な緑の名所

宮城県沿岸部に点在する「かま」の付く地名の謎をひもとく

神馬藻（じんばそう）とも呼ばれるホンダワラ▲

塩竈（しおがま）か塩釜か？「竈」の意味とは

　宮城県のほぼ中央に位置し、仙台と松島の主要都市に挟まれた港町・塩竈市。一般には「塩釜」と表記されることが多く、塩竈市が公用文では「塩竈」の表記で統一するようになったのは、昭和16年（1941）のこと。それ以前は、「鹽竈（しおがま）」「塩竈」「鹽釜」「塩釜」などが混在して用いられていた。

　「釜」とは、ご飯を炊いたり、お湯を沸かしたりする道具のことで、「竈」とは、上に鍋などをかけて煮炊きをする設備、すなわち「かまど」のこと。「塩竈」とは、塩の竈。つまり製塩用のかまどを意味する言葉だ。日本でも、昔は砂浜にかまどを設置し、海水を煮て

▲塩竈湾の馬放島（まはなしじま）周辺。馬放島は、鹽竈神社の神馬が、老いたあとに放されたことから名付けられた

塩をつくる光景が各地で見られた。

　塩竈湾の古称である「塩竈の浦」は、陸奥を代表する歌枕のひとつ。奈良時代から景勝地、また製塩地として知られていた。鎌倉時代初期に編纂された『新古今和歌集』に収められている歌人・藤原家隆（ふじわらのいえたか）の「見わたせば霞のうちもかすみけり 煙（けぶり）たなびく塩釜の浦」の歌は、塩釜の浦で塩焼きの煙がたなびく様子を詠んだものだ。

　ほかにも、釜（石巻市）、北釜（名取市）、相野釜・長谷釜（岩沼市）、花釜（山元町）など、県沿岸部には、釜の付く地名が多い。塩竈市を含む湾岸一帯では、古くから製塩が盛んだったと考えられる。

地名の由来を伝える古式ゆかしい神事

　塩竈市が「竈」の字を用いることになったのは、一森山（いちもりやま）に鎮座する鹽竈神社の社号にちなむ。鹽竈神社の創建年代は不明だが、その起源は奈良時代以前とされる。初めて文献に登場したのは、平安時代初期の弘仁11年（820）に編纂された『弘仁式』*主税帳。当時としては破格の1万束という祭祀料を授かっていたことが記されている。

　鎮守府・多賀城の鬼門に位置し、国府の守

＊平安時代初期に編纂・施行された式。全40巻。三代格式（弘仁格式、貞観格式、延喜格式）のひとつ

▼陸奥国一之宮として多くの人に崇敬されてきた鹽竈神社。本殿・拝殿など14棟と石鳥居が国指定の重文

▼御釜神社にある4口の神釜。直径1.4mほどの鉄釜で、釜の中には常に海水が入っている（写真：塩竈市商工観光課）

護と蝦夷地平定の精神的な支えとして、朝廷をはじめ、京の都から赴任してきた役人からも信仰された。武家社会に入ると、陸奥国の総鎮守として厚く崇敬を集めた。

　ご祭神は、主祭神の塩土老翁神、武甕槌神（茨城県鹿島神宮の主祭神）、経津主神（千葉県香取神宮の主祭神）。武甕槌神と経津主神は、日本神話の「国譲り」に登場する国土平定を成し遂げた神である。社伝によると、東北を平定する役目を担った武甕槌神と経津主神を塩土老翁神が道案内し、七ヶ浜町花渕浜（鼻節神社付近）から上陸したと伝えられる。武甕槌神と経津主神は、役目を果たしたあと

元の宮へ戻ったが、塩土老翁神はこの地に残り、人々に製塩の技術を教えたという。

　鹽竈神社の末社である御釜神社では、神釜と呼ばれる4口の釜を祀っている。釜の中の水は年間を通して水位が変わらないとされ、江戸時代には異変があると水の色が変わるといわれていた。

　また、毎年7月4〜6日には「藻塩焼神事」が行われる。この神事では古式に則り、海水とホンダワラ＊＊を用いて、かまどにかけた鉄釜で煮詰めて塩をつくる工程を儀式として再現。古代の製塩法を今に伝える神事として、宮城県の無形民俗文化財に指定されている。

▲御釜神社境内地周辺は、古来「甫出の浜」と呼ばれ、製塩が行われたところと伝わる（写真：塩竈市商工観光課）

▲かまどに鉄釜をのせ、ホンダワラに海水を注いで、煮詰めて藻塩を焼き上げる藻塩焼神事（写真：塩竈市商工観光課）

＊＊海藻の一種。ホンダワラを用い、海水をかけて濃度の高い塩水をつくる

仙台藩の米の積出港から国内有数の漁港へ発展した石巻の変遷

人口以上の猫が暮らし、猫島の名で知られる田代島。
近年、石巻の観光スポットとして人気▲

伊達政宗の領地開発で
本格的に発展

宮城県で、仙台市に次いで第2位の人口を擁する北東部の石巻市。その名が歴史上に登場するのは仁徳天皇の時代で、『日本書紀』に登場する「伊寺水門」が、石巻だとする説がある。牡鹿半島の付け根、北上川河口に位置する石巻では、縄文時代から魚介類に恵まれた生活が営まれていたことが、貝塚からうかがえる。またこの地は南北の交流点だったとみられ、古墳時代の遺跡からは北方系と東海系の土器が出土している。渥美半島の職人が焼いたと思われる平安時代の陶器も出土して

おり、平安時代末期には港として機能していたようだ。奥州藤原氏の滅亡後、本拠地の平泉を支配した有力御家人の葛西氏は、石巻も飛び地の領地とした。当時の石巻が港として重要だったためといわれている。

豊臣秀吉の奥州仕置により、葛西氏の旧領が伊達政宗の所領となると、石巻は本格的な発展を始める。政宗は四ツ谷用水の基礎を築いた川村孫兵衛（☞P62）に、北上川から石巻

『石巻繪圖』（部分）

天保年間（1831〜1845）頃の石巻港を描いた図。北上川の河口に開けた小さな港町は、江戸時代には日本有数の港となった（写真：東北大学附属図書館）

◀日和山の東端には石巻開港の恩人とされる川村孫兵衛の銅像が立ち、北上川流域を見下ろす

▲石巻市街を一望できる日和山には、鎌倉時代から安土桃山時代にかけて、葛西氏の居城である石巻城があったといわれている

▼石巻漁港は、水揚げ岸壁の長さが約1200mで日本一、魚市場の長さが875.47mで世界一であり、世界で最も長い魚市場として知られる

港に至る水路整備を命じた。これにより仙台平野北部の新田開発が急速に進み、舟運が活発化。北上川流域から米が運ばれ、石巻港は江戸への米の積出港として繁栄した。積み出す米は20万石（約3万t）にも達し、仙台藩の米は、江戸で消費される米の3分の2を占めたといわれる。松尾芭蕉は、多くの船が出入りする石巻の繁栄ぶりを書き残している。なお、北上川河口にそびえる日和山は、船頭らが上って海上の日和を見たことが名の由来。太平洋を望む日和山は、現在は石巻を代表する観光スポットだ。

▲孫兵衛の水路整備により、仙台平野北部の新田開発は急速に進んだ。孫兵衛の志は娘婿に受け継がれ、二代にわたる工事によって宮城県は田園風景が広がる豊穣の地となった

米の積出地から全国有数の水産の町へ

　明治時代、鉄道の開通で海上交通は衰退し、石巻の米の積出地としての役割は終わったが、代わって発展したのが水産業だった。石巻から目と鼻の位置の金華山沖は三陸沖に含まれるが、三陸沖は、暖流の黒潮と寒流の親潮がぶつかる潮目として、世界三大漁場の一つといわれるほど。200種類を超える豊富な水産物が獲れ、石巻港の魚市場では、1980年代には30万tを超える水産物が水揚げされていた。現在でも石巻港の水揚量は、常に全国で3位から5位に入るといわれる。

　また、漁港の周辺には水揚げされた水産物を加工する水産加工会社も多く、「笹かまぼこ」や「金華さば」などの知名度は全国区だ。沿岸のリアス海岸は、海に迫る山林から森の養分が流れ込むため、養殖漁場としても最適。ワカメやホタテガイ、ノリなどの養殖が盛んで、養殖カキの生産量においても、石巻は県内1位である。

◀金華さばは、石巻港に水揚げされた旬のマサバの中で厳選された大型のサバのみが、その名を名乗ることができる

▶笹の葉の形に成形した笹かまぼこ。古くから作られていたが、昭和時代、阿部蒲鉾店の創業者が伊達家の家紋にちなんで笹かまぼこと命名した。

伊達家の人々も楽しんだ
豊富な泉質を誇る温泉地
鳴子温泉郷
なるこ

鳴子温泉「ゆめぐり広場」のこけしのモニュメント▲

5カ所の温泉地からなる一大温泉郷

宮城県北西部、山形県と秋田県に接する山あいにある鳴子温泉郷。宮城県を代表する温泉の一つで、川渡温泉、東鳴子温泉、鳴子温泉、鬼首温泉、中山平温泉の5カ所の温泉地の総称だ。中心となるのは、秋保温泉（宮城県仙台市）、飯坂温泉（福島県福島市）とともに「奥州三名湯」に数えられる鳴子温泉である。

平安時代の歴史書『続日本後紀』には、承和4年（837）に鳴子火山群の一部である鳥谷ヶ森が大爆発して熱湯が噴出したと記されており、鳴子温泉の歴史はこれに始まるようだ。爆発後、轟音を聞いた土地の人々が「鳴

動の湯」と呼び、それが地名の由来となったとする説がある。ほかにも、兄の源頼朝に追われて落ちのびてきた源義経の子が、温泉につかって産声を上げたことから、「泣き子」が転じて鳴子になったという伝説もある。温泉宿としての開湯が始まったのは、江戸時代の半ば。以来、東北を代表する湯治場の一つとして人気を博し、一時は仙台藩内で最も繁栄した温泉地だった。松尾芭蕉が出羽への山越えの際に鳴子を経由したことから、義経や芭蕉にちなむ名所旧跡も多い。

湯巡りとともに自然を満喫

環境省では、国民の健康増進と健全な休養を図ることを目的に、温泉の湧出量や効能の高さなど、特に優れた条件を備える温泉地を

▲深さ80〜100mの断崖が長さ4kmにわたって続く鳴子峡は、奇岩怪石がそびえる風光明媚な地で、宮城県を代表する紅葉の名所

▲鳴子温泉の温泉神社は、承和4年の大噴火を鎮めるために建立された。境内では噴火の際の火山岩も見られる

▼鳴子温泉郷は、鳴子温泉を起点として電車で3〜10分ほどのエリアに集中している。少々離れた鬼首温泉もバスで30分ほど

「国民保養温泉地」に指定している。鳴子温泉郷もその一つ。全国約3000の温泉地の中で、国民保養温泉地は約80カ所におよぶが、宮城県で指定されているのは鳴子温泉郷だけだ。また、温泉法上では国内の泉質は10種類に分類されているが、鳴子温泉郷では、そのうちの7種類の泉質が楽しめる。一つのエリアで、これほどの泉質を楽しめる温泉地は全国でも珍しいといわれる。効能は泉質ごとに異なるが、全体としての効能は切り傷や火傷、慢性皮膚病、動脈硬化など。温泉郷内のほとんどの施設が自家源泉を持ち、源泉の数はおよそ370。湧出する湯量も豊富だ。

鳴子温泉郷では、旅館や土産物屋が並ぶ賑やかな温泉街が広がる一方、昔ながらの共同浴場も健在で、湯治場時代の面影が残る。土産品では、江戸時代後期に木地師たちがろくろを使って作り始めた「鳴子こけし」や、木地技術とともに発展してきた漆工芸品の「鳴子漆器」が人気だ。

また、新緑や紅葉が美しい、深さ100mに及ぶ大峡谷の鳴子峡や、ブナの原生林が広がる国見峠、随所で温泉や蒸気が吹き出す片山地獄など、温泉だけでなく豊かな自然も、鳴子温泉郷の大きな魅力となっている。

鳴子温泉郷の5カ所の温泉地

川渡温泉

温泉郷で最も早く開湯した温泉。神経痛やリウマチに効能があり「脚気川渡」の名で親しまれてきた
（写真：宮城県観光プロモーション推進室）

東鳴子温泉

江戸時代には藩主伊達家専用の御殿湯が設けられた。現在は全長約300mのこちんまりとした温泉街が広がる
（写真：宮城県観光プロモーション推進室）

鳴子温泉

温泉郷の中心部で、5カ所の温泉地では屈指の規模と賑わいを見せる。下駄履きでの湯巡りが人気だ
（写真：宮城県観光プロモーション推進室）

鬼首温泉

高原リゾートとしても人気。地熱が非常に高い地域で、間欠泉や、常に煙が噴出する場所が多い
（写真：宮城県観光プロモーション推進室）

中山平温泉

温泉郷の中でも最も湯量が豊富な温泉地。ぬめりのある湯は「うなぎ湯」と呼ばれ、美肌の湯として名高い
（写真：宮城県観光プロモーション推進室）

東北一の穀倉地帯をもつ 宮城県の農業の特徴と 世界農業遺産の大崎耕土

数々のブランド米を
生み出してきた▲

宮城県が誇る農産物

　北の北上高地、南の阿武隈高地、西の奥羽山脈から流れ出る河川によってつくられた仙台平野は、東北一の広さ。この平野では古くから稲作を中心とした農業が盛んで、宮城県の耕地面積は、全国8位の約12万5500ヘクタール。そのうちの約10万3400ヘクタールが水田という、日本有数の米どころであり、全国トップクラスの大区画水田整備率を誇っている。

　仙台平野の気候は、仙台湾からの海風の影響を受けやすく、夏の日中は十分な日照がありながら夜は比較的涼しいのが特徴。これが稲の生育に適しており、昼夜の寒暖差が、米の甘さを引き出している。しかし、「やませ」という夏の冷たい季節風による冷害も起こりやすく、品種改良による寒さに強い稲の開発や栽培技術の改良に力を入れてきた。

　全国5位の産出額を誇る米のほか、セリ（1

宮城県のブランド米

銘柄	特徴
ササニシキ	さっぱりとした食感が特徴で、寿司のシャリに最適といわれる。50年以上の人気品種だが、栽培が難しく、作付は減少傾向にある
ひとめぼれ	古川農業試験場生まれ。粘り、つや、うまみ、香りのバランスがよいのが特徴で、誕生から30年以上経つが国内生産量でも上位に位置する
つや姫	山形県で開発されたが、宮城県でも奨励品種に指定されている。コシヒカリと比較すると、粘りは少なく、あっさりとした食感
だて正夢	もっちりとした食感と、噛むほどにあふれる甘みが特徴。炊きたてはもちろん、冷えても軟らかくおいしいと評価が高い
金のいぶき	炊飯器で白米と同じように炊ける玄米。一般的な玄米に比べて胚芽が3倍も大きく、ビタミンEなどの栄養素がたっぷり含まれる

宮城県の農業産出額

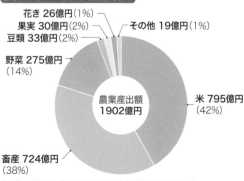

花き 26億円（1%）
果実 30億円（2%）
豆類 33億円（2%）
その他 19億円（1%）
野菜 275億円（14%）
農業産出額 1902億円
米 795億円（42%）
畜産 724億円（38%）

（出典：農林水産省「令和2年生産農業所得統計」）

みやぎ米の食味チャート

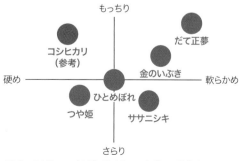

もっちり
だて正夢
コシヒカリ（参考）
硬め
金のいぶき
軟らかめ
ひとめぼれ
つや姫
ササニシキ
さらり

（出典：JAグループ宮城「うまさにいちずみやぎ米」）

位)、パプリカ（1位）、大豆（2位）、六条大麦（6位）なども全国トップクラスの生産量を誇っている。また肉用牛と乳用牛の飼養頭数は、どちらも全国9位。登録農家が適正管理のもとで肥育した黒毛和種の「仙台牛」は、全国に知られるブランド牛である。

宮城県には県が認定した伝統野菜はないが、「仙台伝統野菜」「登米市伝統野菜」として地元で継承されている農産物がある。仙台伝統野菜としては、漬物が有名な「仙台長なす」、江戸時代から冬の野菜不足対策として栽培されてきた「仙台雪菜」などがあり、登米市伝統野菜には、幻のセリともよばれる「観音寺セリ」や、たった一人が栽培を続けていたことが判明した「長下田うり」などがある。

豊饒の大地、大崎耕土

大崎耕土とは、宮城県北部の大崎市、色麻町、加美町、涌谷町、美里町の1市4町にわたる水田農業地帯のこと。江合川と鳴瀬川の流域に広がるこの地帯では、やませによる冷害や、地形が原因で起きる洪水・渇水などが頻発する厳しい環境下にあって、水の調整に

さまざまな知恵や工夫を重ねて水田農業を発達させてきた。こうした「持続可能な水田農業を支える大崎耕土の伝統的水管理システム」が評価され、2017年に国際連合食糧農業機関の「世界農業遺産*」に認定された。

大崎耕土では、江戸時代から江合川と鳴瀬川から農業用の水を引き入れるための取水堰を設け、途中に山があれば隧道や潜穴といったトンネルを掘って水を通した。また遊水地やため池を整備し、洪水や渇水への対策を整えてきた。それらは現在まで受け継がれ、地縁的な組織によって守られている。

また、この地の農家には「居久根」とよばれる屋敷林があり、やませや洪水の被害から家屋を守るだけでなく、多くの動植物の生息・生育地として生物多様性の維持に貢献してきた。そして、冬の農地は渡り鳥の越冬地（☞P36）としても重要な役割を担っている。

伝統的な農文化と豊かな生態系を育んできた「生きた遺産」として次世代へ伝えていくため、大崎耕土では農産物のブランド化やグリーンツーリズムなどにも取り組み、地域の活性化を目指している。

▲水田が広がる大崎耕土。この地帯の取水堰や隧道、用排水路、遊水地などは合計で約1300カ所にも及ぶ

▲屋敷林である居久根のある家。居＝家、久根＝境界で、屋敷境の意味もある。1カ所の居久根に約300種の植物が生育しているという

*世界農業遺産とは、国際連合食糧農業機関（FAO）が認定する、世界的に重要な伝統的農林水産業を営む地域（農林水産業システム）のこと。日本では13地域が認定されている

全国有数の漁港と世界三大漁場の一つを有する宮城県の水産業

湾の入口に大島があり
天然の良港である気仙沼▲

水産業の特徴と現状

宮城県は全国屈指の水産県である。県の中央部に太平洋に突出した牡鹿半島があり、それよりも北にはリアス海岸が、南には平坦な砂浜海岸が広がっている。こうした変化に富んだ地形により、宮城県の水産業は、サケやタラなどを対象にした刺網漁、小型底引き網漁などによる漁船漁業だけでなく、ノリやワカメ、ホタテガイ、ギンザケなどの養殖業も盛んである。

県内には全国4位となる143の漁港と、9カ所の水産物産地卸売市場があり、2020年の漁業生産量は24万9000t（全国4位）で、漁業産出額は718億円（全国4位）。海面漁業＊漁獲量ではカジキ類、サメ類が全国1位、海面養殖業ではギンザケが全国1位を誇っている。また、水産物直売所の数も多く、全国3位の40事業体があるが、年間販売金額は4億円弱で全国第22位である。

宮城県が全国屈指の水産県になった大きな要因は、三陸沖漁場という宮城県沖の海にある。牡鹿半島の南東に浮かぶ島、金華山の沖合は、北からの親潮と南からの黒潮がぶつかり合う潮目。親潮はプランクトンが豊富で、それを餌にするイワシやサンマなどの小型の魚が南下してくる。また、小型の魚を狙ってカツオなどの大型の魚が黒潮に乗って北上してくるため、三陸沖漁場では冷たい海の魚も暖かい海の魚もとることができる。世界的にも特に漁獲量が多い優れた漁場として知られ、ノルウェー沖、カナダのニューファンドラン

宮城県の漁業生産量と全国順位の推移

（単位：t）

全国：2位 34万8000t
- 漁船漁業
- 養殖業

全国：4位 24万9000t

	2010年	2011年	2020年
養殖業	12万3000t	3万t	8万4000t
漁船漁業	22万5000t	12万9000t	16万5000t

全国：6位 15万9000t

（P96出典：宮城県「宮城の水産業」（令和5年版））

主な漁船漁業漁獲物

種類	2010年	2011年	2020年	全国順位 2010年	全国順位 2020年
マグロ類	2万1860t	1万9489t	2万2380t	2位	2位
カジキ類	3634t	2879t	3338t	1位	1位
カツオ	2万8485t	2万4944t	2万4870t	3位	3位
サメ類	1万7924t	1万373t	1万241t	1位	1位
サンマ	2万8188t	2万9676t	3675t	2位	3位
イカナゴ	4015t	3t	0	6位	9位
イカ類	1万5591t	1万907t	5045t	4位	6位
ガザミ類	2t	9t	337t	32位	2位

＊海面漁業とは、沿岸漁業、沖合漁業、遠洋漁業、海面養殖など、海で行われる漁業を指す言葉。河川や湖沼などで営む漁業は内水面漁業という

ド島沖とともに「世界三大漁場」の一つとされている。

宮城県の二大漁港

気仙沼、南三陸、女川、石巻、塩釜は沿岸・沖合・遠洋漁業などの漁船漁業基地で、流通機能や水産加工業者が集まる水産都市である。特に気仙沼と石巻は水揚金額が多く、石巻は全国8位（2022年）の規模を誇る。

石巻は三陸沖漁場から近く、春にはコウナゴやマダイ、夏にはカツオやクロマグロ、秋にはシロサケやスルメイカ、冬にはキチジやナメタガレイなど、年間で200種以上の魚が水揚げされている。石巻の魚市場は、東日本大震災で全壊したが、2015年に高度な衛生管理基準に対応した先進的な魚市場として復活。新しい魚市場は全長が875.47mもあり、「最も長い魚市場」としてギネス世界記録に認定されている。魚市場周辺の「魚町」は、約60社の水産加工業者が集まるエリア。切り身やすり身からカンヅメ、冷凍食品、レトルト食品まで幅広い製品がつくりだされている。

県北部に位置する気仙沼は、全国に13カ所しかない特定第3種漁港＊＊の一つ。近海漁業だけでなく遠洋漁船の母港でもあり、特にマグロの延縄漁船は33隻が所属しており、国内屈指の規模を誇っている。またカツオの一本釣り漁船も多く、生鮮カツオの水揚高は26年連続で日本一を記録している。

気仙沼も石巻同様に水産加工業者が多いが、江戸時代末期頃からフカヒレの製造を行っているのがユニークな点。サメは捨てるところがなく、ヒレは干してフカヒレに、肉はすり身にされて練り製品の材料に、皮はバッグなどの皮革製品に、軟骨はコンドロイチンやコラーゲンがたっぷり含まれていてサプリに加工される。

宮城県の水産業は震災により生産量が大きく落ち込んだが、復旧・復興が進んでいる。しかし、震災以前から懸案事項であった担い手不足が震災の影響でさらに顕著となり、今後の課題となっている。

主要魚市場の水揚量

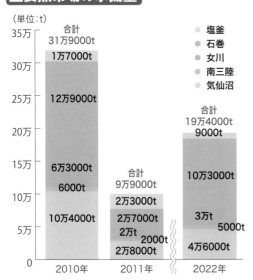

（単位：t）

	塩釜	石巻	女川	南三陸	気仙沼

2010年 合計 31万9000t
- 塩釜 1万7000t
- 石巻 12万9000t
- 女川 6000t
- 南三陸 6万3000t
- 気仙沼 10万4000t

2011年 合計 9万9000t
- 2万3000t
- 2万7000t
- 2万t
- 2000t
- 2万8000t

2022年 合計 19万4000t
- 9000t
- 10万3000t
- 3万t
- 5000t
- 4万6000t

（出典：宮城県「宮城の水産業」（令和5年版））

◀石巻魚市場は震災前も東洋一の長さだったが、再建後はさらに広くなり世界一長い魚市場となった

▶気仙沼のサメの水揚量は全国の約80％。高級食材のフカヒレが名産品

＊＊ 特定第3種漁港とは、水産業の振興のために特に重要であると政令で定められた漁港。宮城県では気仙沼と石巻、塩釜の3港が指定されているが、複数の港が指定されている都道府県は宮城のみである

フランスのカキを救った宮城県のカキ生産と震災後のカキの恩返し

栄養豊富で「海のミルク」と
いわれるカキ▲

宮城県のカキ養殖の歴史

　現在、日本の沿岸には22種のカキが確認されているが、市場に流通しているのはほとんどがマガキであり、マガキはほぼすべて養殖によって生産されている。2019年の養殖カキ類の収穫量は16万1646tで、宮城県は広島県に次いで全国2位の13%のシェアを誇っている。一方、カキ養殖を営む経営体の数では宮城県が全国最多。これは、広島県は規模の大きな会社が多いのに対して、宮城県は家族単位の経営体が多いためである。

　縄文時代の貝塚からカキの殻が発見されており、日本では古くからカキを食用していたことが判明しているが、養殖が始まったのは、室町時代の終わり頃の安芸国（現在の広島県）

だとされる。宮城県域においては、17世紀に松島湾の野々島で内海庄左衛門という人物がカキの天然稚貝を海面に散布して生育を図ったのが始まりだという。

　明治時代後期には、塩釜の水産試験場が考案した「す立棒刺棚」という方式が県内に広まり、生産量増加のきっかけになった。大正時代には、神奈川県において「垂下式養殖法」が開発された。生産性において極めて優れた方法で、この養殖法が全国に広まることで、カキ養殖業は飛躍的な発展を遂げた。昭和に入ると、水深が深い場所に適した「筏式養殖法」や「延縄式垂下養殖法」が考案され、外洋におけるカキ養殖の生産量が増加した。

　このように宮城県におけるカキの養殖は、養殖方法の革新を重ねるとともに、外洋域へ

▲簡易垂下式の水中の様子。支柱に渡した横木から水中に種ガキのついた貝殻を連ねたものをつるしている

◀カキの養殖棚が林立する松島湾。水深の浅い場所に向いた簡易垂下式という方法で養殖が行われている

と漁場を拡大していった。現在では、県北の気仙沼地区、県央の牡鹿半島地区、県南の松島湾地区の3つに漁場は大別され、牡鹿半島地区の生産量が県全体の約70%と最も大きくなっている。市町村別では石巻市が県内1位(約40%)で、牡鹿町、女川町と続く。

カキが結んだ日仏友好

1960年代の終わりから70年代にかけて、フランスを中心とした大西洋沿岸および地中海の在来種のカキが大量に突然死する事態が続いた。「フランス人ほど生ガキに執着する人々はいない」といわれるほど、フランス人は生ガキをよく食べる。「太陽王」と呼ばれたルイ14世、後を継いだルイ15世、ヨーロッパ大陸の大半を勢力下においた皇帝ナポレオンも生ガキが大好物であったと伝わる。そんな国のカキが絶滅の危機に瀕してしまった。

そこでフランスは、世界中からカキの稚貝を取り寄せて、自国での養殖に適しているか実験を開始した。要請を受けた日本も宮城県松浦湾のマガキを輸出したところ、世界中のカキの中で、環境の変化に強い宮城のマガキだけがフランスでも順調に生育することが判明。マガキの稚貝1万tがフランスに送られ、

▼ヴェルサイユ宮殿の食堂に飾られていた『牡蠣の昼食』(部分)。ルイ15世(1710-74)が描かせたもので、当時の貴族が生ガキを大量に食べていたことがわかる

フランスのカキ生産の復興に大きく貢献することになった。以後もマガキの輸出は続き、フランスの養殖ガキは宮城原産のマガキが主流になるほど定着した。

2011年の東日本大震災では、県内約1万4000台のカキの養殖施設が全て流されるなど、宮城県のカキ養殖業は壊滅的な被害を被った。そのときフランスのカキ業者は、これまでの恩返しにと、カキ養殖に必要な道具類の提供や資金援助など、さまざまな形で復興支援に手を差し伸べた。国内でも、宮城県のライバルであり全国一の生産量を誇る広島県のカキ業者が、物資だけでなく人材も派遣して支援。震災によって1割以下に減った生産量は、徐々に回復しつつある。

カキ生産量の都道府県別シェア(2019年)

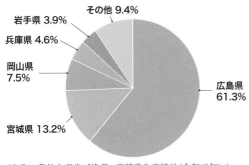

岩手県 3.9%
兵庫県 4.6%
岡山県 7.5%
宮城県 13.2%
広島県 61.3%
その他 9.4%

(出典：農林水産省「漁業・養殖業生産統計(令和元年)」)

宮城県のカキ生産量の推移

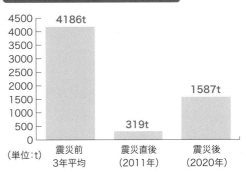

震災前3年平均 4186t
震災直後(2011年) 319t
震災後(2020年) 1587t

(単位:t)

(資料：宮城県漁協共販実績)

東北本線の開業から特急列車全盛期。そして東北新幹線開業へ

東北新幹線200系▲

仙台への鉄道建設と
岩切—利府支線のルーツ

　明治5年（1872）10月新橋—横浜駅間に日本初の鉄道が開業してから2022年で150年。新橋—横浜間は、東海道本線に組み込まれて

日本列島を西に向かう鉄道が建設されていったが、仙台を主要都市とする東北、北へ向かう鉄道のはじまりはどうだっただろうか。

　現在の東北本線にあたるみちのくへの鉄道を建設したのは、明治14年（1881）創業の日本鉄道という株式会社だった。日本鉄道は、時の右大臣岩倉具視の主導で華族、旧大名らが出資した日本初の私鉄、つまり民営の鉄道会社だった。青森への鉄道を計画した日本鉄道は明治16年（1883）上野—熊谷間、明治20年（1887）上野—仙台・塩釜間を開業し、明治24年（1891）に青森までの全線を開通させた。

　明治政府は東北開発の中心事業として建設した日本初の近代港湾の野蒜築港（三国港、三角港とともに明治三大築港とされる）を利用して資材を運搬し、仙台まで線路を建設する計画を立てたが、野蒜築港が台風でやられたため塩釜港を使い、塩釜港に塩竈駅を置き資材を運搬した。このため明治20年の郡山から先の

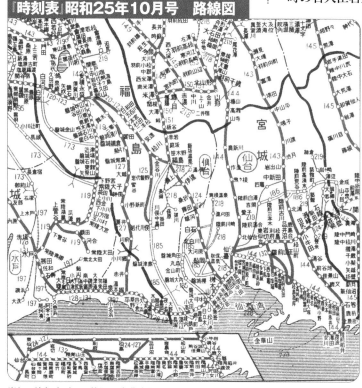

『時刻表』昭和25年10月号　路線図

岩切−利府−松島−品井沼が東北本線だった

開業区間は仙台ではなく塩竈駅までとなった。上野から仙台駅までの所要時間は12時間20分だった。

　現在の『時刻表』路線図の仙台駅周辺を眺めてみると、東北本線岩切駅から利府駅までの短い線がある。この短い線は東北本線の支線で、この区間はかつて東北本線本線ルートだったという歴史がある。

　仙台以北のルートを決めるにあたって、海岸線を通ると戦争時に敵の戦艦から攻撃される恐れがあると陸軍が主張したこともあって、日本鉄道は岩切から利府、品井沼を経て小牛田に向かう内陸に線路を敷いた（内陸線・山線）。本線だった岩切—塩竈駅間は日本鉄道支線となり、国有化後は国鉄東北本線支線、明治42年（1909）には国鉄塩竈線となった。

　しかし内陸ルートには急勾配があり運転に支障が大きかったため、戦時中に陸前山王—品井沼駅間に貨物専用線が建設された（海岸線）。のちには旅客列車も走り内陸線、海岸線が併用されたが、戦後国鉄は効率化をはかり内陸線を廃止し、海岸線を東北本線に格上げした。昭和37年（1962）岩切—利府駅間を残し、利府—品井沼駅間を廃止した。塩竈線は、塩釜線と名称を変え貨物路線となったが、トラック輸送におされ平成9年（1997）に廃止された。岩切—利府駅間の短い支線には、こうした東北本線のルート変遷の歴史が隠されている。

特急「ひばり」の全盛期から消えた列車名「あおば」

　東北本線の東京〜青森間739.2kmは、日本最長路線だったが、東北新幹線開業後に、盛岡以遠が第三セクターとなったため、東北本線は東京〜盛岡間535.3kmとなり、山陰本線、東海道本線に続く3番目に長い路線となった。

　日本最長路線・東北本線の華やかな時代は、高度経済成長期の昭和40年代だった。東京以北で初めての特急列車は、昭和33年（1958）に常磐線経由で上野—青森駅間を走った「はつかり」。青森までの所要時間は12時間だった。

　昭和40年（1965）10月、仙台—盛岡間の電化が完成すると上野から常磐線を経由しない特急「ひばり」「やまびこ」などの特急電車が走りはじめた。上野—仙台駅間の特急「ひばり」の所要時間は4時間35分だったが、昭和43年（1968）10月の「ヨンサントオ」と呼ばれるダイヤ改正で「ひばり」の所要は最速3時間53分まで短縮され、その後最も多い時には日に15往復も走り、特急「ひばり」が大活躍だった。

　昭和40年代末になると「ひかりは北へ」をキャッチフレーズに東北新幹線の工事が始まった。そして昭和57年（1982）6月23日、ついに東北新幹線大宮—盛岡駅間が開業。こうしてみちのくの鉄道はあらたな時代に向かっていった。昭和60年（1985）には上野—大宮間、国鉄分割民営化後の平成3年（1991）には東京—上野間が開業し、今や東京—仙台間は1時間30分程で結ばれている。

　大活躍した「ひばり」だが、列車名は東北新幹線に受け継がれることなく消滅。仙台発着の列車名は、青葉城に由来する「あおば」になったが、「あおば」も平成9年に消滅した。

▶特急「ひばり」

奥羽山脈を越えて
仙台と山形を結ぶ仙山線は
日本初の交流電化路線

交流電気機関車ED75▲

昭和初期の先端土木技術で 建設された鉄道遺産がある

　仙山線は、その線路名称が語っているように宮城県の県庁所在地・仙台と山形県の県庁所在地・山形を結んでいる。山岳地帯で隔たった都市をつなぐ鉄道路線だ。仙山線は、宮城県内は全駅が仙台市内駅に含まれ、都市近郊輸送路線の顔と、山岳地帯や田園地帯を走り、沿線に作並温泉、山寺などの観光地もあるローカル線の顔ももつ。

　仙山線の建設は大正15年（1926）に宮城県側から始まり、仙台—愛子駅間が仙山東線として開業したのが昭和4年（1929）。ちなみに愛子は「あやし」と読む難読駅名のひとつ。昭和6年には作並まで延伸。山形県側は昭和8年（1933）に仙山西線として羽前千歳—山寺駅間が開業。残された作並—山寺駅間が昭和12年（1937）に開業し全線開通した。この時に線名が仙山線となった。

　山岳地帯を行く路線は広瀬川、新川川、荒沢川などに沿って渓谷美が見られ、昭和初期の土木技術で建設された橋梁、長大トンネル、山寺駅や作並駅の転車台、変電所など多くの鉄道施設群が残っている。これらは平成26年（2014）度に推奨土木遺産に認定された。

　なかでも最後に開通した作並—山寺駅間の奥新川—面白山高原駅間にある仙山トンネル（現在の面白山トンネル）は全長5361mで、当時としては上越線の清水トンネル（9702m）、東海道本線の丹那トンネル（7804m）に続く、日本で3番目に長いトンネルだった。

　作並—山寺駅間は、煤煙被害を避けるため開通時から直流電化され、これは東北初の直流電化だった。

新幹線開業につながる 日本初の交流電化

　仙台の奥座敷として知られる作並温泉の最寄り駅である作並駅ホームに「交流電化発祥地」の碑が立っている。交流電化は、鉄道史において重要なできごとだった。

　日本の電気鉄道は明治28年（1895）の京都電気鉄道開業以来、直流電化が一般的だったが、全国に路線を延伸させ輸送量が増えてくると長大化、高速化が求められていった。そのためには大容量の電力が供給でき、変圧器を用いることで鉄道車両に適した電圧を供給でき、変電所の数も削減できる交流電化が必須になっていった。

　国鉄が仙山線で交流電化試験を開始したのは昭和29年（1954）。なぜ仙山線だったかは、

仙山線路線図&沿線の鉄道施設群

機関車の負荷試験に適した勾配があったことや、すでに直流電化されていた区間(作並―山寺)が隣接していたことなどがあげられるが、東京への連絡駅仙台から近かったことや、工事関係者を癒やす作並温泉が近くにあったことなども要因だったようだ。試験は陸前落合―陸前白沢駅間で始まり、昭和32年(1957)に仙台―作並駅間で日本初の交流電化営業運転が開始された。

仙山線での試験データをもとに、北陸本線や東北本線の交流電化が進められた。この時に交流電化実現のために試作した交流電気機関車の技術が新幹線0系に採用され、昭和39年(1964)の新幹線開業へとつながっていった。電化・高速化の先駆けとなった仙山線は、鉄道史上重要な先進路線といえる。

▲今はなきED21形21号機。仙山線で交流電化試験が行われた時、最初につくられた試作交流電気機関車のうちの1両(写真：米山淳一)

仙山線の秘境駅

仙山線にはスキー場へのアクセスの利便性をはかった2つの駅があった。作並―奥新川駅間の八ツ森(臨)駅と山寺―奥新川駅間の面白山高原駅だ。八ツ森(臨)駅は八森スキー場利用者のための臨時駅だったが、昭和45年(1970)にスキー場が閉鎖され、春秋に臨時列車が数本止まる程度だったため、平成26年(2014)に廃止された。

面白山高原駅はトンネル開通時に信号所だったのが、昭和12年(1937)に仮乗降場、昭和63年(1988)に駅に昇格し現在も存在する。全国で唯一、鉄道でしか行かれないスノーパーク面白山(旧名・面白山スキー場・営業休止)の最寄り駅で、駅構内からすぐリフトに乗れる、スキー場の中にあるような駅だった。

仙台と石巻を結ぶ
仙石線のルーツは
宮城電気鉄道

宮城電気鉄道仙台駅地下ホーム▲

日本初の地下鉄道開業と
仙石線仙台駅の変遷

　丹後の天橋立、安芸の宮島と並んで日本三景と称される松島観光へのアクセスとしても活躍する仙石線のルーツは、大正11年（1922）に当時三菱、三井などとともに大財閥だった高田商会という商社が創業した宮城電気鉄道にさかのぼる。高田商会は、亜鉛や鉛を採掘する細倉鉱山を経営し、亜鉛を製錬するための電力施設をつくったが、第一次大戦後に亜鉛の需要が激減したため、この電力を消費するために宮城電気鉄道という会社をおこした。大正14年（1925）仙台—西塩釜駅間開業、昭和2年（1927）に松島公園駅（現在の松島海岸駅）まで延伸し、昭和3年（1928）に石巻まで全線開通した。

仙石線仙台駅の変遷

大正14年（1925）
宮城電気鉄道開業時

昭和19年（1944）国有化、仙石線に。
東七番丁→仙台東口に改称

昭和27年（1952）仙台駅改修で
駅東側地上に移動

2000年地下化され
線路位置も変更

宮城電気鉄道が開業する以前から松島エリアには、東北本線の松島駅（初代、旧駅）と五大堂前（後の松島海岸駅）を結ぶ松島電車が大正11年（1922）から運行していたが、昭和14年（1939）に宮城電気鉄道に譲渡されている。宮城電気鉄道は松島への延伸時に、松島公園内に劇場や食堂、浴場などのある松島遊園を建設。展望車を導入して列車ガールが紅茶をサービスするなど松島への観光客誘致に力を入れていた。しかし昭和15年（1940）に陸運統制令が出されると国に買収され、昭和19年（1944）仙石線と改称された。

宮城電気鉄道は、当初宮城県庁付近を起点として計画されたこともあって、電車は仙台駅のひと駅手前の東七番丁駅の西側から地下にもぐり、東北本線と垂直に交差して東北本線の西端から西口広場の地下にかけてプラットホームを設置し仙台駅をつくった。開業は大正14年（1925）なので、この地下鉄部分は、昭和2年（1927）に開業した日本初の地下鉄といわれている東京地下鉄道（現在の東京メトロ銀座線）より早く開業していたことになる。地下鉄の定義はいろいろあるようだが、「日本初の地下旅客鉄道」といえるようだ。

昭和27年（1952）の仙台駅東口整備にともなって、この地下にあった仙石線仙台駅は、約200メートル東側の地上に移され、地下鉄道と地下ホームは廃止された。新幹線開業後の仙台、仙台駅の発展はめざましく、仙石線仙台駅付近の交通渋滞が激しいこと、塩釜方面との輸送力強化が求められ、踏切廃止、距離短縮など近代化が進められ仙石線は再び地下に潜ることになった。2000年に仙台駅構内を横断する仙台トンネル（あおば通—陸前原ノ町駅間）が開通し、仙台駅は地下駅に、地下路線は延伸され、仙石線始発駅はあおば通駅となった。

仙石線と石巻線 2つあった石巻駅舎

宮城電気鉄道が延伸する以前に石巻には鉄道が通じていた。

大正元年（1912）、石巻—小牛田駅間に仙北軽便鉄道が開通し、石巻駅が開業した。この鉄道も国有化され、仙北軽便線、石巻線と改称され、女川まで延伸した。一方で、のちに国有化され仙石線となる宮城電気鉄道は、昭和3年（1928）に石巻駅まで延伸開通。こうした歴史背景から石巻線と仙石線の石巻駅は駅舎が別々にあり、乗り継ぎ客は一度駅の改札を出る必要があった。地元では長い間仙石線の駅を「電車駅（または電車口）」、石巻線の駅を「汽車駅（または汽車口）」と呼んで区別していた。2つの駅舎は平成2年（1990）、駅長室やみどりの窓口があった石巻線側の駅舎に統合されるかたちで「石巻駅」となった。

東日本大震災で大きな被害を受け全線不通になった仙石線だが、もとが私鉄、宮城電気鉄道だった歴史から、東北本線との直通運転ができなかった。JRは仙石線の全線復旧事業にあたり、被害の大きかった海側エリア復興のため石巻—仙台駅間のアクセス向上を目的として仙石線松島海岸—高城町駅間と東北本線塩釜—松島駅間を結ぶ連絡線を敷設した。

2015年仙石線全線運転再開のタイミングから「仙石東北ライン」として東北本線の塩釜以南と仙石線の高城町以北で直通運転を開始した。仙台—石巻駅間の所要時間は大幅に短縮された。

「くりはら田園鉄道」
廃線後も地域が守る
「くりでん」の今を訪ねる

動態保存されている気動車▲

地元の要望で開業した
「くりでん」の歴史をふり返る

　宮城県北部に位置する栗原市。東北本線石越駅から西に向かって、栗駒山から流れ出す豊かな水が潤す県内屈指の米どころの田園地帯を走っていたのが「くりはら田園鉄道」だ。「くりでん」と呼ばれ親しまれていた鉄道の歴史をたどってみる。

　東北本線開業によって、内陸部の住民が発展から取り残されることを憂慮した、後に「くりでん」初代社長となる中村小治郎が鉄道建設運動を起こし、大正10年（1921）石越—沢辺間に栗原軌道が開業した。翌年（1922）、岩ケ崎（のちの栗駒）駅まで延伸し、昭和16年（1941）に社名を栗原鉄道と改称。昭和17年（1942）には、細倉鉱山から産出する鉱石を運ぶため細倉鉱山駅まで延伸した。第二次大戦後には、電気運転を開始し、昭和30年（1955）に社名を栗原電鉄と改めた。

　細倉鉱山は、鉛や亜鉛を産出する全国有数の鉱山だった。多くの人が暮した鉱山町の様子は、鉱山の坑道見学や砂金採り体験もできる「細倉マインパーク」の資料展示室に展示されているジオラマで見ることができる。

　昭和40年代後半になると、車が普及し鉄道による人や貨物の輸送が減少し、電鉄の経営は赤字になっていった。細倉鉱山を経営していた三菱金属鉱業（現・三菱マテリアル）の支援でなんとか成り立っていたが、昭和62年（1987）に細倉鉱山が閉山し貨物輸送が廃止された。昭和63年（1988）に細倉—細倉鉱山間が廃止されると経営はさらに悪化した。

　三菱マテリアルは路線廃止を打診したが、地域に愛されてきた「くりでん」沿線の市町村は存続を希望し、平成5年（1993）栗原電鉄は第3セクターに移行することが決まった。老朽化した施設の更新をあきらめ、1995年には電気運転を廃止し気動車で運行し再建をはかり、社名も「くりはら田園鉄道」に改称した。しかし輸送人員は増えることなく、2007年3月31日でくりはら田園鉄道線は廃止され、約90年の歴史に幕を閉じた。

▲旧若柳駅構内に並んだ保存車両群。電気で走るもの以外は動態保存されている

◀当時のままの雰囲気の旧若柳駅舎。ホームや待合室には木製のベンチが並ぶ

くりはら田園鉄道公園 くりでんミュージアム

廃線後、沿線住民はじめ多くの「くりでん」ファンが思いを結集し、沿線自治体は「くりでん」を後世に残そうとくりはら田園鉄道公園を2017年にオープンさせた。本社と車両基地があった若柳駅とその周辺を整備し、公園内にはくりでんミュージアム、旧若柳駅舎と線路、芝生公園があり、「くりでん」の車両を含む歴史資料の保管、展示、廃線跡を利用した乗車体験などを行っている。

車両の整備・点検を行うための施設もそのまま残されており、公園内では整備された車両が見学でき、旧若柳駅の駅舎・ホーム、約900mの線路を使って保存車両やレールバイクの乗車体験もできる（冬季1〜3月を除く、月に1、2回程度）。ミュージアム内にある全線の風景を再現した「くりでんジオラマ」も必見で、栗原の四季、歴史、生活文化が描かれ、沿線ゆかりの人物が登場するなど遊び心も盛り込まれていて、くりでんが走っていた風景を楽しむことができる。

「くりでん」の廃線跡は、線路（築堤）、橋梁、トンネルなどがほぼ全線にわたって、ほとんど手つかずの状態で残っている。廃止駅に石碑も建てられているので、田園鉄道公園と合わせて廃線跡探訪も楽しめる。

「くりでん」路線と廃線スポット

くりでんジオラマ 登場人物

▲旧若柳駅。木造駅舎は現役時代そのままの姿をとどめている

▲沢辺駅跡。合併前の金成町の中心駅。駅前広場があって国鉄バスが発着していたこともある

▲二迫川橋梁。鶯沢と鶯沢工業高校前駅間にある、くりはら田園鉄道線では2番目に長い橋梁。ほぼ現役時代の姿

▲細倉マインパーク前駅跡。「細倉マインパーク」オープン時に、細倉駅から細倉鉱山間の廃線を活用して細倉駅を移転し、「細倉マインパーク前駅」と改称し開業した

路線図

- 石越 ── 東北本線と接続する始発駅
- 荒町
- 若柳 ┈┈ くりでんジオラマ リーゼントの高橋ジョージ！駅前で演奏する宮藤官九郎！
- 谷地畑
- 大岡小前 ┈┈ くりでんジオラマ 神社で歌うみなみらんぼう！
- 大岡
- 沢辺
- 津久毛
- 杉橋
- 鳥矢崎
- 栗駒
- 栗原田町 ┈┈ くりでんジオラマ 実家・櫻田山神社に狩野英孝！
- 尾松
- 鶯沢
- 鶯沢工業高校前 ┈┈ くりでんジオラマ 「男はつらいよ」ロケに渥美清扮する車寅次郎！
- 細倉マインパーク前
- 細倉鉱山 ── 旅客の終点は細倉駅だが、貨物輸送の終点はこの駅だった

▲大岡

▲栗駒駅跡。開業時は岩ケ崎駅だったが昭和38年（1963）に栗駒駅に改称。栗駒町の中心駅

▲尾松─鶯沢間の田園地帯にある橋梁

▲秋法隧道。鶯沢工業高校前─細倉マインパーク前間にある、くりはら田園鉄道線唯一のトンネル

理科

社会・交通

国語

美術・家庭科・体育

算数

107

街の人気者から
福の神になった男

宮城県、特に仙台市内の飲食店や商店などでは、縞模様の着物姿で笑みを浮かべるふくよかな男性の写真やイラスト、置物などを見かけることが多い。その人物は商売繁盛・千客万来をもたらす福の神「仙台四郎」であり、七福神や招き猫と同じように店先に飾る習慣が定着している。

仙台四郎は、江戸時代末期から明治時代にかけて仙台に住んでいた実在の人物である。詳細については諸説あり、本名も定かではないが、裕福な家の子どもで知的な障害があったということは共通している。ほとんど話せず、「ばあや」を意味する言葉くらいしかしゃべらなかったともいわれ、一年中半纏を着て歩き回っており、からかわれることもあったが、いつも無邪気で可愛がられたという。

そんな四郎だったが、ひとり歩きをしている途中にふらりと立ち寄った店は、不思議と客足が伸びていき、四郎がさわった

▲唯一残る仙台四郎の写真。この写真が使われた絵はがきには「明治福の神（仙台四郎君）」と書かれていた

実在した
福の神
仙台四郎
（せんだいしろう）

商品は急に売れ行きがよくなったという。こうした話が広まり、やがて四郎は「福の神」としてもてはやされていった。商店や旅館、遊郭などの客商売の関係者からは歓待され、新聞などでも記事として取り上げられるようになり、「仙台市長のことは知らなくても、四郎を知らない人はいない」といわれるほどの有名人になった。

四郎がいつどこで亡くなったかもはっきりしていないが、四郎が姿を消した後、30代の頃に撮影された写真が絵はがきとして売り出された。以後、四郎の偶像化が進み、商売繁盛、家内安全、大願成就の御利益がある福の神として信仰されるようになった。昭和後期には仙台四郎ブームが起きて県外にも広く知られるようになり、現在も多くの人に愛され続けている。

▼仙台四郎は一種のキャラクターとしても定着しており、あちらこちらで目にすることができる

▼仙台市内の中心地にある三瀧山不動院は仙台四郎安置の寺。さまざまな仙台四郎グッズも扱っている

国語 & 美術 家庭科 体育

万葉集を編纂したとされる奈良時代の貴族、大伴家持はなぜ多賀城で最期を遂げたのか

三十六歌仙の
ひとりでもある、
大伴家持▶

令和に注目された万葉歌人

2019年4月1日、平成に代わる新元号「令和」が発表された。令和の典拠、いわゆる出典は『万葉集』の梅花の歌、三十二首の序文「初春令月、気淑風和、梅披鏡前之粉、蘭薫珮後之香（初春の令月にして気淑く風和ぎ、梅は鏡前の粉を披き、蘭は珮後の香を薫す）」であった。発表直後から万葉集の関連本は書店で軒並み売り切れ、万葉集の編纂に深く関わったとされる奈良時代の一人の貴族も大いに注目されることになった。

その人物こそが、大伴家持（717頃～785）

▶万葉集の最後の歌「新年之始乃波都波流能家布敷流由伎能伊夜之家餘其騰（新しき 年の始めの 初春の 今日降る雪の いや重け吉事）」。漢字の音を借用して日本語を表記する万葉仮名で記された（写真：国立国会図書館デジタルコレクション）

三年春正月一日旅因幡國廳賜饗國郡司
等之宴歌一首
新年之始乃波都波流能家布敷流由伎能伊
夜之家餘其騰
右一首守大伴宿禰家持作之

萬葉集卷第二十終

である。大伴氏は、大和朝廷以来の武門の名家として繁栄した有力氏族。また、風雅を愛する者を輩出する一族でもあり、祖父の安麻呂、父の旅人はいずれも高級官吏として、そして歌人として歴史に名を残した。

家持も中納言という重要な官職にまで昇進している。歌人としては、幼い頃から父をはじめ、父と交流のあった小野老、山上憶良といった歌人らから大きな影響を受けたと思われ、数多くの歌を残している。

万葉集は全20巻、約4500首の歌を収めた、現存する日本最古の歌集である。編者や成立に関する詳細は分かっていないが、天皇や貴族の歌をはじめ、防人や農民など、さまざまな身分の人々が詠んだ歌をまとめてあるのが最大の特徴。家持の歌は、その約1割にあた

▲多賀城市では大伴家持が生きた時代のロマンを祭りで再現する「史都多賀城万葉まつり」を毎年開催している

る473首あり、ほかのどの歌人よりも多い。このことから家持が万葉集の編纂に関わっていたと考えられている。

万葉集の最後も家持の歌で締めくくられており、それは天平宝字3年(759)の元日、赴任先の因幡国(現在の鳥取県東部)で詠んだものだった。42歳頃に詠んだ、この歌の後、家持の歌は残されておらず、家持が歌を詠まなくなったのかどうかも分かっていない。

晩年に多賀城へ

歌人として名を残し、重要な官職に就いた家持であったが、その人生は地方への左遷(栄転とする説もある)と、中央政界への復帰の繰り返しであった。

天平18年(746)に越中国(現在の富山県)、天平宝字2年に因幡国、天平宝字8年に薩摩国(現在の鹿児島県)と、帰京しては中央政界の政争に巻き込まれて、地方へと左遷させられた。

晩年、中納言に昇進した後も延暦3年(784)に持節征東将軍に任じられ、当時の東北地方の政治・軍事の中心地であった多賀城(現在の宮城県多賀城市)に赴任することになった。

多賀城は、奈良・平安時代に陸奥国の国府が置かれていた「北の都」。約900m四方の築地塀で囲まれ、儀式を執り行う政庁や、実務を行う役所、工房、兵士の宿舎などが置かれていた。また周辺からは、大宰府付属の寺と同じ伽藍配置の多賀城廃寺跡、国司の邸宅と思われる建物の遺跡(館前遺跡)も発見されている。

この北の都で、蝦夷征討の責任者を務めていた家持であったが、延暦4年に68か69歳で亡くなっている。

なお、家持が実際に多賀城に赴任していたとする記録は発見されておらず、すでに65歳頃と高齢であったことから赴任せずに在京していたとする説もある。

地方生活が長かった家持の歌には、やりきれない思いや悲しみ、残してきた妻子への愛情、自然への美意識などが込められており、後の平安時代の歌人に大きな影響を与えることになった。

▲多賀城跡は国の特別史跡。平城宮跡(奈良県)、大宰府跡(福岡県)とともに日本三大史跡に数えられる

▶多賀城創建1300年にあたる2024年に一般公開される、復元された南門

▲多賀城跡に設けられた、8世紀後半の多賀城政庁復元模型

芭蕉が旅した 歌枕の地、みちのく 『おくのほそ道』を歩く

日和山公園にある芭蕉と曾良の像▲

尊敬する歌人を偲び みちのくへの旅を決意

　俳聖・松尾芭蕉が、江戸深川の芭蕉庵を発ち、奥羽・北陸へと旅立ったのは、元禄2年(1689)3月のこと。敬愛する平安時代後期の歌人・西行法師の500回忌にあたる年に、西行の足跡をたどり、歌枕の地を訪ねようと思い立ったのだ。当時芭蕉は46歳。門弟で6歳年下の河合曾良を伴った二人旅は、終着地の大垣まで日数約150日、全行程約2400kmの長旅となった。その旅路の記録をもとにした紀行文が『おくのほそ道』*である。

　芭蕉と曾良が奥州路の入り口となる白河の関を越え、伊達の大木戸を越えて仙台藩領(宮城県)に入ったのは、5月3日のことだった。源 義経ゆかりの鐙摺や田村神社甲冑堂などを参拝し、白石城を通り、笠島に入る。笠島には、不遇な人生を送った平安時代の歌人・藤原実方(藤中将実方)の墓があり、この地を訪れた西行は哀悼の歌を残している。しかし芭蕉は、雨で道がぬかるんでいたうえに、疲れていたため、墓参りを断念。実方の墓を遠くから眺めながら、「笠嶋はいづこさ月のぬかり道」と詠んだのだった。

　続いて一行は、岩沼の「武隈の松」を訪れる。この松は枯れたり伐採されたりで、平安時代の歌人・能因法師は、二度めに訪れたときに前に見た松がなくなっているのを嘆いている。西行が訪れたときもなかったが、芭蕉は幸運にも見ることができた。感激した芭蕉は、旅に出るときに弟子の挙白から贈られた「武隈の松見せ申せ遅桜」の句にこたえ、「桜より松は二木を三月越シ」と詠んだ。

仙台で出会った風流人と 歌枕・名所めぐり

　5月4日、名取川を渡って仙台に到着。仙台を拠点としていた俳諧師・大淀三千風**の門人である画家・北野屋加右衛門と知り合い、加右衛門の案内で、宮城野、玉田、横野、つつじが岡など仙台の歌枕の地をめぐり、伊達政宗が再興した陸奥国分寺薬師堂や「天神の御社」と呼ばれた榴岡天満宮などの名所を訪ねる。さらに加右衛門は餞別に、端午の節句のあやめ草(菖蒲)にちなんだ紺色の染緒のわらじをもたせてくれた。粋な贈り物に感嘆した芭蕉が詠んだ句が「あやめ草足に結ん草鞋の緒」である。

　仙台を発った2人は、壺碑(多賀城碑)、末の松山、鹽竈神社などの名所を次々と訪れ、船に乗り、待望の松島へと向かう。松島こそ、

＊旅の忠実な記録ではなく、より楽しめる文芸作品にするため、道順や日付などを変え、脚色を加えている

芭蕉が旅の目的にしていた場所のひとつ。しかし、心待ちにしていた絶景を目の当たりにした芭蕉は、あまりの美しさに圧倒され、一句も詠めなかったという。

伊達家の菩提寺である瑞巌寺を参拝し、続いて石巻を訪れる。日和山（ひよりやま）などを見学し、登米（とめ）へ。登米から一関（岩手県）に入り、平泉の中尊寺で「夏草や 兵（つわもの）どもが夢の跡」「五月雨の降り残してや光堂」の句を残している。

平泉を後にし、再び仙台藩領に入り、岩出山に宿泊。だが、尿前（しとまえ）の関でなかなか通してもらえず、天候も悪化し、山中の宿に足止めされてしまう。「蚤虱馬の尿（ばり）する枕もと」は、このとき詠んだ句だ。その後、一行はこの旅最大の難所ともいえる奥羽山脈を越え、ようやく出羽国へと抜けたのである。『おくのほそ道』は元禄15年に刊行されたが、芭蕉はそれを待たずして、51歳で没した。

※本文中の日付は旧暦です。

おくのほそ道旅路MAP

壺碑
多くの歌に詠まれてきた石碑。対面した芭蕉は日記に感動を記した

尿前の関
出羽国へ通じるこの関所で芭蕉は怪しまれ、厳しい取り調べを受けた

松島
曾良は「松島や鶴に身を借れほととぎす」と詠んだ

仙台
木ノ下公園にある「あやめ草足に結ん草鞋の緒」の句が刻まれた芭蕉碑

藤原実方の墓（実方塚）
芭蕉は墓を訪れようとしたが、雨のため断念。無念の一句を残した

武隈の松
根元から2本に分かれた松の名木を見た芭蕉は、感動の句を詠んだ

(P112-113の6点（武隈の松を除く）の写真提供：宮城県観光プロモーション推進室)

＊＊ 伊勢国出身の俳人で、『松島眺望集』などを刊行。仙台藩領内にあった名所「おくのほそ道」の名付け親といわれ、この名所が芭蕉の本の書名の由来とされる

113

仙台で暮らした思春期が ユーモアと反骨精神を謳う 作家・井上ひさしを育んだ

仙台第一高等学校時代

　昭和27年（1952）の仙台を舞台にした、井上ひさしの半自伝的青春小説『青葉繁れる』の冒頭には、こんなシーンがある。

　「散歩の場所はどこがいいだろうか。稔は広瀬川畔から青葉城址にかけていくつかの草叢があったことを思いつく。（中略）城の趾に二人が立つころ、すでに陽は西風蕃山の向こうに落ちて、涼やかな夏の夕風が周囲の高木の葉をさやさやと鳴らしはじめることだろう」

　仙台の高校3年生の稔が、登校中に女子高生たちとすれ違うたびに没入する妄想である。そこで彼女を草叢に押し倒すという不埒な状況まで夢想して飽くことがない。

▲井上が暮らしていたころの光ケ丘天使園。昭和27年度の児童定員は80名。昭和40年にラ・サール・ホームに改称し、9年後に改築（写真：仙台文学館）

　『青葉繁れる』は、東北一の名門校に通う落ちこぼれ4人組と東京からの転校生が繰り広げる騒動を、ユーモアと反骨精神で描いた物語だ。刊行されたのは、昭和47年に井上が『手鎖心中』で直木賞を受賞した翌年である。

　また、本書の文庫あとがきでは、その時代の通っていた高校（仙台第一高等学校）の教師たちは、どんなことでも生徒中心に考えてくれたと書いている。当時から作家志望だった井上は、担任教師に「仙台にくる映画を全部観て、お話の作り方を勉強したい。そのために午後の授業に出ないでもいいですか」と申し出て、映画のレポート提出を条件に認められたというから驚きだ。

▲『青葉繁れる』当時の仙台第一高等学校。創設は明治25年（1892）。平成4年に校舎の全面改築終了（写真：仙台第一高等学校同窓会）

「僕は仙台で『人』となった」

本名・井上廈は、昭和9年に山形県東置賜郡小松町（現在の川西町）に3人兄弟の次男として生まれた。薬剤師で小説家志望の父を5歳のときに亡くし、破天荒な母親の経済的事情から、仙台市原町小田原（現・宮城野区東仙台）にあるカトリック系児童養護施設「光ケ丘天使園」（現名称はラ・サール・ホーム）に入所したのは、中学3年生のときだ。ここで思春期の3年半を暮らしたのである。

後年、井上はエッセイ集『聖母の道化師』に、「あそこは、そしてあの時代は、じつに素晴らしかったと思う。（中略）下着も洋服も靴下も舶来の純毛だった」と綴り、「わたしたちはあのときとても自由だった。（中略）カナダ人の修道士たちは、なにひとつ強制しなかった」と回想している。

『青葉繁れる』刊行と同じ年、井上はこの養護施設を舞台にした自伝的短編集『四十一番の少年』を発表。四十一番とは、施設で主人公に振られた番号である。戦争孤児の先輩からの苛烈ないじめや、残酷な現実や悲哀などがユーモアとは対極的に描かれ、人生の

▼仙台城址の一部と堀を含む青葉山公園。四季折々の豊かな自然に囲まれ、仙台第二高等学校方面へと抜ける桜並木は見事

深々とした余韻を残す作品になっている。

あるインタビューで「僕は仙台で『人』となったと思っています」と語っている井上は、平成10年（1998）4月、仙台文学館の館長に就任。9年間初代館長を務めた。小説家、劇作家として多忙な日々を送るなか来館し、文章講座や講演会、戯曲講座を行った。一貫して説いてきたのは、「言葉で考え、言葉で伝えることの大切さ」「過去から学ぶ姿勢」だ。

井上は数々の主な文学賞や戯曲賞を受賞。恩賜賞日本芸術院賞を受賞した翌年の2010年、肺がんのため75歳で死去した。

▲仙台文学館の館長を退任する日の井上ひさし。生涯に『吉里吉里人』『不忠臣蔵』『頭痛肩こり樋口一葉』など作品多数（写真：仙台文学館）

▲仙台文学館のエントランスロビー。台原森林公園に隣接し、敷地面積約63000㎡。郷土ゆかりの文学者の展示やイベントも充実（写真：仙台文学館）

『荒城の月』の作詞者、仙台生まれの土井晩翠（どいばんすい）が求めた悠久と無常

第一詩集『天地有情』の初版本▲
（写真：国立国会図書館デジタルコレクション）

質屋の跡継ぎから格調高き詩人へ

　詩人であり、英文学者である土井晩翠は、廃藩置県が行われた明治4年（1871）、仙台の北鍛冶町（現・仙台市青葉区木町通り2丁目）で、10人きょうだいの長男として誕生。本名は林吉（りんきち）。生家は約300年続く旧家で、裕福な質屋である。

　文学好きな子供だったが、小学校卒業後は「商家を継ぐ者に学問は不要」との祖父の厳命により他の丁稚に交じって4年間、広い家や蔵などの拭き掃除をやらされた。17歳のとき祖父の許可が出て、仙台英学塾を経て第二高等中学校（のちの第二高等学校。現・東

北大学）に進学。明治27年に帝国大学（現・東京大学）英文学科に入学した。雑誌『帝国文学』に詩を次々に発表して評判になり、第一詩集『天地有情（うじょう）』が出版されたのは卒業から2年後、郁文館中学で教職についていた明治32年だ。漢文調で格調高き定型詩を収めた同詩集により、晩翠は新体詩人の地位を確立。

　この年の12月、28歳の晩翠は、帝大時代の友人の妹である八枝（やえ）と結婚。彼女は東京音楽学校（現・東京藝術大学）の本科に在学中だった。同学校の研究科には滝廉太郎（たきれんたろう）（1879〜1903）がいた。

　結婚の翌月、晩翠は母校である第二高等学校（通称・二高）の英文学の教授に就任し、新妻を伴って仙台に帰郷した。

▲昭和26年ころの土井晩翠。全国約200校の校歌も作詞した

▲作曲家・滝廉太郎は東京生まれ。留学先で肺結核を発病し、23歳にして両親が暮らす大分県で死去

▲晩翠の母校であり、のちに教授を務めた第二高等学校。現在の東北大学の前身校の一つ（写真：東北大学史料館）

『荒城の月』誕生エピソード

『荒城の月』が、東京音楽学校の編集した『中等唱歌』に掲載されたのは、晩翠が帰郷した翌年の明治34年4月である。

作詞を依頼されたとき、晩翠がまず想起したのは、二高時代に訪ねた会津若松の鶴ヶ城だった。官軍との苛烈な戦いの末に落城した悲劇を想い、さらに地元仙台の青葉城の荒廃した跡を前にしながら筆を執った。とくに『荒城の月』3番の歌詞、「垣に残るはただかづら、松に歌うはただ嵐」はそのままの描写だと、のちに晩翠自身が回想している。

なお、滝廉太郎は少年時代を過ごした大分県竹田の岡城趾を思い浮かべて『荒城の月』を作曲したという。

明治34年6月、晩翠は職を辞して3年にわたるヨーロッパへの留学に旅立った。ロンドン、パリ、ライプチヒのそれぞれの地の大学で英文学、仏文学、独文学を研究。ロンドンでは官費留学中の夏目漱石を訪ねている。

明治38年、再び二高教授に就任。古今東西にわたる文学の博識と語学力で学生たちを導いた。昭和15年(1940)と昭和18年には、ライフワークであった古代ギリシャのホメー

▼晩翠による『荒城の月』の書を多くの人に配るために印刷したもの。「この一篇は滝廉太郎くんの作曲のおかげで、天下に鳴り響く光栄を得た」と語っていた(写真：仙台文学館)

ロスの叙事詩『イーリアス』と『オヂュッセーア』をギリシャ語原典から完訳する。

昭和20年7月の仙台大空襲では、家屋敷と3万冊余の蔵書を焼失。「国破れて山河あり、全国が荒城そのものである」と昭和23年、晩翠は語っている。さらに「『天上影は変わらねど　栄枯は移る世の姿』。(中略)全く弱り切っている冬枯れの日本も、いつかは春が来るであろう。この希望を抱き、在来のミリタリズムを振り棄てて、祖国愛と人類愛とを兼ねる新天地の理想をいだき邁進すべきである」と続けている。

その2年後、詩人としては初の文化勲章を受賞し、昭和27年、肺炎のため80歳で永眠した。

▲仙台城本丸跡にある『荒城の月』の歌碑と土井晩翠の銅像

▲空襲で家を焼失した晩翠のために、昭和24年、有志たちが跡地に住居を建てて贈った。「晩翠草堂」と呼ばれ、没後、一般公開されている(写真：仙台文学館)

宮城県で生まれ育った "漫画の王様" 石ノ森章太郎と 石ノ森キャラに出会える石巻

デビュー30周年を機に石森章太郎から改名した▲
（写真：石森プロ）

手塚治虫に憧れ、漫画家の道へ

石ノ森章太郎（本名：小野寺正太郎）は、昭和13年（1938）に宮城県登米郡石森町（現在の登米市中田町石森）で生まれた。小学校高学年のときに手塚治虫の『新宝島』を読んだことをきっかけに漫画家を志すようになり、自分でも漫画を描くようになった。

中学生のとき、毎日中学生新聞の漫画投稿コーナーに初めて漫画を投稿。それが掲載さ

▲登米市の「石ノ森章太郎ふるさと記念館」では、トキワ荘の部屋を限りなく再現した展示がある

▶登米市中田町石森に残る生家。現在は一般公開されている

れたのをきっかけに、"投稿マニア" となり、雑誌『漫画少年』にも投稿するようになり宮城県佐沼高等学校に進学した頃には、『漫画少年』の常連に。作品を通じて、漫画業界の一部には、その才能が認められていた。

「シゴトヲテツダツテホシイ」という内容の電報が石ノ森に届いたのは、高校2年生の春のことだった。発信者は当代一の人気漫画家であった "漫画の神様" 手塚治虫。突然の知らせに仰天したが、学校を休んで東京へ。背景描きなどを手伝って、漫画家の仕事に初めて接した。

翌年末、手塚に仲介されて『漫画少年』でデビュー作『二級天使』の連載を開始。高校卒業後には上京して「トキワ荘*」の住人となり、本格的に漫画家の道を歩み始めた。

平成10年（1998）に60歳で亡くなるまでに『サイボーグ009』『佐武と市捕物控』『HOTEL』『マンガ日本経済入門』など、数々の傑作を描き、"漫画の王様" とも呼ばれた。また、『仮面ライダー』『秘密戦隊ゴレンジャー』といった特撮ヒーロー作品の原作者としても活躍。没後に発行された全集は、770作品収録、全550冊にも及び、「一人の著者によって出版された最多コミックの記録」としてギネス世界記録に認定された。

* トキワ荘とは、東京都豊島区にあったアパート。手塚治虫をはじめとする漫画界の巨匠が多く住んでいた。2020年、跡地近くに「豊島区立トキワ荘マンガミュージアム」が完成した

漫画の力で街に賑わいを！
街中に現れたヒーロー

人口減少とそれに伴う空き店舗の増加などに悩まされていた石巻市。平成7年に当時の市長が石ノ森と会談して、漫画による町おこしの協力を要請した。こうして石巻の「マンガランド構想」の幕が切って落とされた。

石巻市は、学生時代の石ノ森が自転車で片道数時間かけて映画を見に来ていた街。その映画館があった旧北上川の中洲に、宇宙船をイメージして石ノ森がデザインした「石ノ森萬画館（まんがかん）」がオープンしたのは、石ノ森が亡くなった後の2001年のことだった。

萬画館の「萬画」とは石ノ森が提唱した漫画の表記。漫画はあらゆる事象を表現できる無限の可能性を秘めたメディアであることから「萬（よろず）」の漢字がふさわしいというもので、平成元年に「萬画宣言」を行っていた。

JR石巻駅から石ノ森萬画館までの通り沿いには石ノ森作品のキャラクター像が建てられ、「石巻マンガロード」と名付けられた。また、街中のベンチやポスト、マンホールのふたなどにも石ノ森キャラが採用された。

石ノ森萬画館がオープンして10年。石巻市が漫画の街として広く知られ、石ノ森キャラが街に溶け込んでいった2011年3月11日、東日本大震災が発生した。石巻市は、地震と津波で大きな被害に遭い、萬画館も浸水。運営を続けられる状態ではなかった。

悲しみに打ちひしがれ、復旧作業に追われる市民の励みになったのが、ほぼ無傷で街中に立っていた仮面ライダーやサイボーグ009、秘密戦隊ゴレンジャーといった石ノ森のキャラクター像だった。

「石巻にはヒーローがいる！」それが、心の支えになったという。

2012年11月、石ノ森萬画館は再開。石巻市は現在も漫画の可能性を信じ、漫画によって街を元気にする活動を続けている。

▲UFOのようなデザインの「石ノ森萬画館」。萬画館のある中瀬地域は、マンハッタンにちなんで「マンガッタン」と名付けられた（写真：石ノ森萬画館）

◀街中に立つ仮面ライダーの像。作品は社会現象となるほど大ヒットし、現在もシリーズが続いている（写真：石ノ森萬画館）

◀『サイボーグ009』の主人公、島村ジョー。石ノ森は完結編にあたるシリーズ執筆前に亡くなった（写真：石ノ森萬画館）

©石森プロ

恵まれた気候風土と食通の藩主により培われた宮城の食文化

あざらの材料に欠かせないメヌケ▲

戦後の復興から生まれた仙台名物牛タン焼き

　全国有数の漁場と穀倉地帯を有する宮城。海と山に囲まれた食材王国として知られるが、なかでも代表的な郷土料理といえば、仙台発祥の「牛タン焼き」だろう。生みの親は、仙台で焼き鳥店を営んでいた「太助」の初代店主、佐野啓四郎。その歴史は、昭和23年（1948）に遡る。あるとき、洋食屋で食べたタンシチューのあまりのおいしさに感動し、自分の店でも提供しようと思い立つ。それま

であまり日本人になじみのなかった牛タンを和食の焼き料理として提供するため、日々研究を重ねた。戦後の食糧難の時代に材料を確保することもままならず、山形まで買い出しに行くことも。こうして試行錯誤の末に誕生した牛タン焼きは、現在では、「仙台＝牛タン」といわれるまでに成長を遂げた。

　豊かな水田地帯が広がる県北の登米地域。約400年前の藩政時代は、年貢や買米*により農民は満足に米が食べられず、小麦を主食とする食文化が発展した。小麦粉に水を加えてよく練り、指で薄く延ばしてゆでた「はっと」や、グルテンに小麦粉を混ぜて揚げた「油麩」は、県北地方の名物だ。油麩は、明治末期に登米の豆腐店でつくられたのが始まりで、肉の

▲地元の老舗旅館の女将が考案した油麩丼（出典:農林水産省Webサイト[https://www.maff.go.jp/index.html]）

◀牛タンと麦飯のセットが定番。栄養バランスも抜群（写真提供:宮城県観光プロモーション推進室）

*江戸時代に幕府や諸藩で行われた政策。
*仙台藩では、年貢を納めた後の米も農民から強制的に買い上げ、江戸の市場へ売却して利益の独占を図った

▲白石温麺を使った具だくさんの汁物、おくずかけ(出典:農林水産省Webサイト[https://www.maff.go.jp/index.html])

▼すりつぶした枝豆に砂糖を加えた餡をからめる、ずんだ餅(写真提供:宮城県観光プロモーション推進室)

▶はらこ飯は鮭の親子丼。9〜11月は県内の多くの飲食店で提供される(写真提供:宮城県観光プロモーション推進室)

代わりに油麩を卵でとじてご飯にのせた「油麩丼」は、宮城のB級グルメとして全国的にも知られている。

　魚介類の宝庫である三陸地方で、特に冬が旬の魚といえばメヌケ[**]。気仙沼で昔から親しまれている「あざら」は、脂ののったメヌケのアラと長期間漬け込んで酸味が増した白菜の古漬けを酒粕で煮込む伝統料理だ。つくり方が「荒々しい」という意味のあざらだから、阿闍梨(模範となるべき僧)がつくり始めたから、などが名前の由来とされる。

戦国時代の武将たちの間で有名だった仙台味噌

　食通だったという伊達政宗が宮城の食文化に与えた影響も大きい。仙台味噌は、政宗が仙台城下に建設した「御塩噌蔵」と呼ばれる味噌醸造所の伝統的な製造法でつくられる味噌のこと。豊臣秀吉の文禄の役で遠征した際、他の大名の味噌は腐ってしまったが、政宗の持参した味噌は変質しなかったため、「伊達家の味噌は質が良い」と諸大名の間で評判になったという。

　県南地方の阿武隈川流域の亘理が発祥の「はらこ飯」は、秋に太平洋から川へ遡上する鮭の切り身を煮た醤油ベースのだしで米を炊き、イクラ(はらこ)をのせたもの。政宗が運河建設のために当地を訪れた際、地元の漁師が献上したところ、とても喜んだという。

　「ずんだ餅」もまた、政宗が好んだ逸品。語源には、枝豆をつぶすという意味の「豆打」という説や、政宗が陣太刀の柄で枝豆をつぶした説など諸説ある。宮城を中心に、岩手や福島など仙台藩の領地にも伝わっており、政宗が広めたのではないかといわれている。

　同じ頃、白石城下で生まれたのが、小麦粉と塩水だけでつくるそうめんの一種「白石温麺」だ。病気の父のために胃に負担をかけない食べ物を探していた息子が、旅の僧から油を使わない麺のつくり方を教わり、父に食べさせると、ほどなく回復。この話を聞いた白石城主・片倉小十郎は、親を思う温かな心に感動し、「温麺」と名付けたとされる。

　その白石温麺を使った精進料理「おくずかけ」は、数種類の野菜や豆腐、油揚げなどをだしで煮込み、とろみをつけた汁物。県南地方を中心に、現在もお彼岸やお盆の時期などに食べられている。かつては葛でとろみをつけていたために、この名が付いた。

日本遺産に認定された「政宗が育んだ"伊達"な文化」とは？

元禄年間以降に誕生したと伝わる堤人形▲
（写真提供：宮城県観光プロモーション推進室）

戦国時代から現代へと継承

　仙台藩の初代藩主・伊達政宗は、23歳で南奥羽の覇者となり、大坂の陣に参戦するなど、戦国大名として政治・軍事面で活躍する一方、漢詩、和歌、書、能、狂歌、茶道、香道などの豊かな教養をもつ、当代きっての文化人でもあった。伊達家で育まれた伝統的な文化を土台に、上方の豪華絢爛な、桃山文化の影響と、ヨーロッパの新しい文化を取り入れて、これまでにない独自

の文化を確立した。そんな「伊達政宗と仙台藩の文化」「政宗による文化の確立」「政宗以後の文化の広まり」の3つのストーリーにまつわる宮城県の51の文化財が「政宗が育んだ"伊達"な文化」として日本遺産＊に認定されている。

　構成文化財は、建造物をはじめ、行事、伝統工芸品などさまざま。なかでも、政

黒漆五枚胴具足（伊達政宗所用）
（国重文/仙台市）

▶鉄地黒漆塗りの五枚胴、頑丈な六十二間筋兜、左右非対称の弦月形をした金箔押し前立などからなり、政宗の美意識が表れている取り合わせ。五枚胴の形式は仙台胴とも呼ばれた
（仙台市博物館所蔵）

山形文様陣羽織（伊達政宗所用）
（国重文/仙台市）

▲黒羅紗地を金銀モールで飾り、裾は緋羅紗で山形の文様を表し、はぎ目には切嵌（きりばめ）という技法が用いられている。桃山時代に流行した、いわゆる南蛮服飾の一例（仙台市博物館所蔵）

＊地域の歴史的魅力や特色を通じて、日本の文化・伝統を語るストーリーを文化庁が認定するもの。ストーリーを語る上で欠かせない有形・無形の文化財群を、整備・活用し、地域活性化を図ることを目的としている

宗が造営した瑞巌寺や大崎八幡宮、陸奥国分寺薬師堂は、"伊達"な文化の特徴が見られる代表的な建造物だ。豪華で流麗な桃山様式を好んだ政宗の志向は歴代藩主へと受け継がれ、2代忠宗が手掛けた東照宮や瑞鳳殿、3代綱宗による陽徳院霊屋、4代綱村と5代吉村による鹽竈神社などにも色濃く表れている。

　また、大崎八幡宮の例大祭の能神楽、八幡宮別当の盆の鹿踊・剣舞、かつての小正月の田植踊など、仙台藩とつながりの深い民俗芸能や、御職人たちが担っていた仙台張子や仙台御筆などの工芸品は、仙台城下の町人や職人たちに引き継がれ、時代を超えて今日も宮城の人々の生活に深く根付いている。

伊達者の語源となった武将

　政宗ならではの粋で斬新な美意識を物語るエピソードがある。文禄元年（1592）から始まった豊臣秀吉の文禄の役に出陣するため、政宗は軍勢を率いて上洛。その際、数千人もの兵を派手で豪華な戦装束に統一した。一行は紺地に金色の日の丸の幟30本を掲げ、幟持と足軽は前後に金の星をあしらった黒塗りの具足を着用。30騎の馬上は黒い母衣に金色の半月を付け、馬にも豹皮や孔雀の尾などの馬鎧を着せた。この出で立ちは、上洛の道中でたちまち噂となり、艶やかな戦装束に身を包んだ伊達軍を見て、京都の人々は歓声を上げた。これ以来、粋でおしゃれな人のことを「伊達者」と呼ぶようになったといわれている。

東照宮 （国重文/仙台市）

承応3年（1654年）、2代忠宗が創建。本殿は透漆塗、金箔、飾金具で装飾され、内陣には絢爛たる彫刻や飾金具、彩色が施された厨子が置かれ、徳川家康像を安置している
（写真提供：宮城県観光プロモーション推進室）

福岡の鹿踊・剣舞 （県無形民俗/仙台市）

仙台城下の八幡町で鹿踊・剣舞を管理していた大崎八幡宮別当龍宝寺から、慶安2年（1649年）に剣舞が、その後、鹿踊が旧福岡村に伝えられた。鹿踊の流祖ともいわれる
（写真提供：宮城県観光プロモーション推進室）

仙台七夕 （未指定/仙台市）

伝統的な七夕は政宗の時代から続く祭り。明治以降、紙衣・巾着等の独特の豪華絢爛な七つ飾りが定着した。毎年8月6〜8日に行われ、約3,000本の笹飾りが街中を彩る（写真提供：宮城県観光プロモーション推進室）

主な構成文化財

文化財の名称	指定等の状況	文化財の所在地
木造伊達政宗倚像	県有形（彫刻）	松島町
仙台城跡	国史跡	仙台市
仙台城・若林城に関わる障壁画	県有形（絵画）、市有形	仙台市
瑞巌寺五大堂	国重文	松島町
大崎八幡宮	国宝	仙台市
陸奥国分寺薬師堂	国重文	仙台市
瑞巌寺（本堂・庫裡及び廊下、障壁画）	国宝	松島町
慶長遣欧使節関係資料	国宝、ユネスコ記憶遺産	仙台市
陽徳院霊屋	国重文	松島町
圓通院霊屋	国重文	松島町
鹽竈神社	国重文	塩竈市
多賀城跡附寺跡	国特別史跡	多賀城市
雄島	国特別名勝	松島町
秋保の田植踊	国無形民俗・ユネスコ無形文化遺産	仙台市
仙台御筆	県伝統工芸	仙台市

こけし、漆器、硯、箪笥
自然と生活が結びついた
宮城県の伝統的工芸品

こけしの形ができたら
顔や胴の絵柄を描く▲

地域ごとに特徴がある
「宮城伝統こけし」

　江戸時代中期に東北地方の温泉地で生まれた伝統こけしは、お椀やお盆などの木工品を作る木地師が、子どものおもちゃとして作ったのが始まりといわれている。

　伝統こけしは大きく12の系統に分けられるが、宮城県内には「鳴子こけし」「作並こけし」「遠刈田こけし」「弥治郎こけし」「肘折こけし」の5つの系統があり、産地ごとに形や模様に特徴がある。

　鳴子系は首が回り、キイキイと音が鳴るのが特徴。作並系は胴の部分が細く、遠刈田系の胴には重ね菊の模様がある。弥治郎系は胴がくびれて横縞があり、肘折系は肩が張って胴がまっすぐのものが多い。

　材料には県内産のイタヤカエデやミズキなどが使われ、原木の段階から、色付け、仕上げまでの全工程を一人の職人が行うため、作り手の個性が作品に大きく反映される。製作技術や形、模様などは、師弟相伝の形で一族または弟子のみに伝えられ、その土地や家系ならではの独特のものになっている。

鳴子こけし（鳴子温泉など）	**作並こけし**（仙台市など）	**遠刈田こけし**（蔵王町など）	**弥治郎こけし**（白石市など）	**肘折こけし**（仙台市）

瓜実形の頭部と安定感のある胴部で、広く親しまれている。重ね菊の絵柄が代表的。ガタコという鳴子独特の接合方法により、首を回すと音が鳴る

作並温泉で発祥し、後に山形や仙台で発展。子どもが握りやすいように、棒状の胴のタイプと、胴の下の部分が細いタイプがある
（写真：みやぎ蔵王こけし館）

遠刈田温泉を中心に発達し、発生年代が最も古いとされる。頭が大きく胴が細め、額から鬢に赤い放射状の手絡＊が描かれることも
（写真：みやぎ蔵王こけし館）

鎌先温泉にほど近い弥治郎地区で生まれ、農閑期にこけしを作り、湯治客にみやげとして販売していた。ろくろを回転させてつける縞模様がモダン

山形県肘折温泉で発生した系統。鳴子系に遠刈田系が加味されたため、独特の味わいがある。現在は仙台の職人が継承している
（写真：みやぎ蔵王こけし館）

＊日本髪に用いる女性用の髪飾りの一種。髱かけともいわれ、江戸末期に流行した

室町・江戸時代からの
伝統を受け継ぐ工芸品

　大崎市周辺で作られる「鳴子漆器」が創始されたと伝わるのは、約350年前の寛永年間（1624〜1644）。岩出山藩主・伊達敏親が、塗師の村田卯兵衛と蒔絵師の菊田三蔵を修業のため京都へ派遣した。京漆器の技術を習得した二人は故郷に戻り、漆器作りの発展に貢献。江戸後期には温泉が流行し、湯治客でにぎわった鳴子温泉郷の漆器も人気となった。

　鳴子漆器の特徴は、半透明の漆を塗ることで木地の木目を生かす「木地呂塗り」や、透明な漆を塗り重ねることで深い艶を出す「ふき漆仕上げ」、独特の墨流しの技法を使った「竜文塗」など、挽物木地の塗立技術だ。見た目も美しいうえ、漆を塗り重ねるため丈夫なことから、日用品として親しまれている。

　「雄勝硯」の原料である雄勝石の原石は黒色硬質粘板岩で、玄昌石ともいわれる。粒子の均質さや光沢などが硯に適しており、室町時代には、すでに石巻市雄勝地区で硯石が産出されていたという。雄勝硯を献上された仙

▼雄勝地区にある雄勝硯伝統産業会館では、雄勝硯の歴史や文化、硯職人に関する展示を行っている

台藩主・伊達政宗も愛用し、2代忠宗は硯師を伊達藩のお抱えにした。さらに、雄勝石の採掘場を「お止め山」と称し、一般人の採石を禁止したといわれる。硯の産地として知られる当地では職人が一つずつ手で彫り、磨いて作る雄勝硯の技術が受け継がれている。

　江戸末期頃、仙台藩の職人たちによる地場産業として誕生したとされる「仙台箪笥」。当時は武士が刀や羽織、袴などを納めるために使用し、野郎箪笥とも呼ばれた。素材にはケヤキやクリなどが使われ、木目が浮かび上がる鏡面仕上げの木地呂塗りに、鉄製の打ち出し飾り金具が付く。明治から大正中期には、海外へも輸出され、多くの人に愛用された。現在でも指物、漆塗り、金具の職人により、手作業で作られている。

▲安永2年（1773）の『鳴子村風土記書出』に塗物の記載があり、漆器は鳴子の主要産物だったと考えられる

▲堅牢で重厚な
仙台箪笥の原型は4尺箪笥（幅約120cm）。
牡丹や唐獅子などの文様の手打ち金具で
装飾されている

（P124-125の写真提供：宮城県観光プロモーション推進室（明記しているものを除く））

東北地方ならではの風習や文化を今に伝える宮城県の伝統芸能

木彫りの鹿頭と角をつけ、鹿の姿を表現した鹿踊▲

世界に認められた2つの無形文化遺産

東北地方を中心に伝承される田植踊は、年の初めに稲の豊作を予め祝うことによって豊作を願う芸能だ。かつては約300カ所で行われていたというが、消滅したものも少なくない。現在、宮城では10以上の田植踊が県の無形民俗文化財に指定されており、仙台市太白区秋保の湯元、長袋、馬場の3地区に伝わる「秋保の田植踊」は、国指定の重要無形民俗文化財であり、ユネスコの無形文化遺産にも登録されている。

田植踊の踊り手は、道化役と口上役を兼ねた「弥十郎」が2名、「鈴ふり」が2名、花笠をかぶった「早乙女」が10名前後。笛や太鼓の囃子にのせ、田植えの様子を華やかで美しい踊りで表現する。以前は小正月（1月15日）に行われていたが、現在は社寺の祭礼時などに踊られる。

2018年に、来訪神行事のひとつとしてユネスコ無形文化遺産に登録された「米川の水かぶり」は、登米市東和町米川の五日町地区に古くから伝わる火伏せ行事。毎年2月の初午の日、地区の男性が中心となって行われる。腰と肩には藁で作った「しめなわ」を巻き、頭には「あたま」と「わっか」という被り物をつけ、顔に火の神様の印であるかまどのすすを塗る。水かぶりの装束を身につけた一行は、大慈寺境内にある秋葉山大権現を参拝。その後、家々の屋根に水を掛けながら町中を歩き、火伏せを祈願する。一行が通り掛かっ

▲田の神を祀る祭祀として実演されてきた、秋保の田植踊。揃いの振袖に身を包み、花笠をかぶった早乙女が、田植えを模した舞踊などを行う

▲「しめなわ」を腰と肩に3本巻き、「あたま」と「わっか」を頭からかぶり、水を掛ける（写真：米川の水かぶり保存会）

たときに水かぶりの装束の藁を抜き取り、屋根にのせておくと、火伏せのお守りになるという。

脈々と受け継がれる地方色豊かな伝統芸能

　栗原市の白山神社で行われる「小迫の延年*」は、もと別当寺だった勝大寺で法要を営み、白山神社に神輿渡御を行ったあと、境内の野舞台で古式ゆかしい芸能を演じるもの。演劇的要素の強い「御山開き」をはじめ、田楽舞、獅子舞、馬乗渡しなど7演目を、古来の様式のまま伝える。県北東部の沿岸地域を中心に伝承されている法印神楽のなかでも有名なのが、石巻市の「雄勝法印神楽」。室町時代に始まり、一子相伝により宮司の子孫にだけ舞い伝えられてきたという神楽舞だ。

　さらに、室根神社（岩手県）を中心に岩手・宮城の7市町にまたがる氏子が、神輿の先陣争いや山車の行列などを繰り広げる「室根神社祭のマツリバ行事」、7歳の男児が羽田山に参拝し成長を祈願する気仙沼市の「羽田のお山がけ」、東松島市宮戸の月浜地区に200年以上にわたって伝えられてきた小正月の鳥追い行事「月浜のえんずのわり」なども、国

◀県北西部の加美町に約650年前から伝わる火伏せの虎舞。小中学生の演じる虎が、笛の音と太鼓の囃子にのせて屋根で舞う

の重要無形民俗文化財に指定されている。

　ほかにも、三陸沿岸地域発祥とされる航海安全や大漁祈願の虎舞、厄祓いの獅子舞、先祖の供養と疫病除けを祈願する鹿踊と剣舞など、県内各地にさまざまな芸能が伝承されている。

　ユニークなのは、塩竈市の御釜神社の「藻塩焼神事」（☞P88）。日本で唯一の塩作りの神事で、古代から伝承されてきた製塩法を再現する祭礼が行われる。「仙台すずめ踊り」は、仙台城築城の際、伊達政宗の前で石工が即興で披露した踊りに始まるといわれる。戦前までは石工の子孫によって踊り継がれてきたが、次第に継承者を失い、途絶えかけた。近年、郷土芸能としての伝統を守るため、仙台・青葉まつりでは現代風にアレンジされた踊りが披露されるなど、仙台市民の新しい民俗芸能として定着しつつある。

▲小迫の延年は、古風な舞などが野舞台で奉納される白山神社の例大祭

▲毎年、仙台・青葉まつりで「仙台すずめ踊り」のコンテストを開催。踊る姿がエサをついばむすずめに似ていることが名前の由来

（P126-127の写真提供：宮城県観光プロモーション推進室（明記しているものを除く））

＊平安から室町にかけて盛んに行われた寺院芸能のひとつで、僧侶や稚児たちが寺院で行っていた歌舞

仙台城の堀から始まり、世界を制した名選手を輩出したフィギュアスケートの聖地

五色沼にある
フィギュアスケートを
モチーフにした像▶

近代スケートのはじまり

　スケートは、18世紀後半にヨーロッパでスポーツ競技として発展した。その後、アメリカやロシアにも広がり、1892年に国際スケート連盟が発足し、1896年にフィギュアスケートの世界選手権が開催された。

　日本に伝わったのは明治時代。札幌農学校（現在の北海道大学）のアメリカ人教師が持参した、アメリカに留学した人が持ち帰ったなど諸説あるが、19世紀末には日本で実際に滑走されるようになったという。

　かつて仙台城三の丸の堀だった五色沼（ごしきぬま）は、明治30年（1897）頃にアメリカ人宣教師が子どもたちにフィギュアスケートを教え、明治42年頃には旧制第二高等学校（東北大学の前身の一つ）のドイツ語教師が学生にフィギュアスケートを教えたとされる場所。この学生たちがスケートの技術を習得し、各地に普及したことから五色沼は日本フィギュアスケート発祥の地といわれている。

　仙台市から広まった日本のフィギュアスケートは、大正11年（1922）に長野県の下諏訪で公式試合が初めて開催され、競技スポーツとしての歴史が始まった。その後、昭和7年（1932）の第3回オリンピック冬季競技大会に初出場したが、後発国であった日本とヨーロッパ諸国とのレベルの差は歴然としていた。

▲現在の冬の五色沼。凍結することはあるものの昔に比べて氷が薄く、スケートはできない

◀大正13年頃の五色沼の様子。旧制第二高等学校の学生がスケートに興じている
（写真：東北大学史料館）

2人の金メダリスト

日本人がフィギュアスケートで世界と競い始めてから約半世紀。20世紀後半からの日本人選手の活躍はめざましく、荒川静香が2006年にトリノオリンピックで金メダル、羽生結弦が2014年のソチオリンピックと2018年の平昌オリンピックで金メダルを獲得した。日本でのフィギュアスケート人気の過熱ぶりは著しく、国民的なスポーツといわれるまでに成長した。

昨今のフィギュアスケート人気を支える2人の金メダリストは、ともに仙台市でフィギュアスケート人生をスタートさせている。

荒川は、父親の転勤に伴って1歳で仙台市に転居。小学1年生のときに仙台市内のスケートクラブに入会し、利府町に移った後もフィギュアスケートを続けている。小学3年生のときには3回転ジャンプをマスターし、天才少女と呼ばれ、平成6年（1994）から全日本ジュニアフィギュア選手権を3連覇。シニア移行後も全日本選手権を連覇し、トリノオリンピックでアジア人初の金メダリストとなった。

羽生は生まれも育ちも仙台市で、荒川と同じスケートリンクで4歳からスケートを始めている。2011年の東日本大震災の際は、仙台市のスケートリンクで練習中に被災。リンクは閉鎖となり、羽生の自宅は全壊。避難生活を送った後に、各地を転々としながら練習を続けた。その後の世界選手権優勝などの活

▲仙台市地下鉄国際センター駅に設置された、荒川・羽生両選手の偉業を称えるモニュメント（写真：仙台観光国際協会）

▼2人の金メダリストをはじめ、多くのトップスケーターを輩出してきた「アイスリンク仙台」（写真：アイスリンク仙台）

躍は被災した多くの人々に感動をもたらすとともに、被災地域と被災者への支援を途切れることなく続けてきた。また、オリンピックでの二度の金メダル獲得後には仙台でパレードが開催され、集まった人々に何度も手を振って声援に応えた。

近年では、2人が練習していたスケートリンク（アイスリンク仙台）や、羽生がトレーニングした公園や必勝を祈願した大崎八幡宮などが「聖地」といわれるようになり、国内外から多くのフィギュアスケートファンが訪れるようになっている。

東北人の希望を担う
東北楽天ゴールデンイーグルスと
甲子園の常連校

創設9年目で頂点に立った
宮城県のプロ球団

　2023年現在、現存する日本のプロ野球球団で最も歴史が浅い、つまり最も新しい球団が、宮城県を本拠とする東北楽天ゴールデンイーグルス（以下、楽天イーグルス）だ。2004年のプロ野球再編問題＊でパ・リーグの球団が1つ減り、11球団となってしまうことから、プロ野球機構が新規参入の受け入れを決定。同年11月、新たに誕生したのが楽天イーグルスである。プロ野球における新球団の誕生は50年ぶりのことだった。本拠となる専用球場は、仙台市宮城野区にある現・楽天モバイルパーク宮城（宮城球場）だ。

▲球場を一望できる観覧車などのアトラクションも併設された楽天モバイルパーク宮城は、多くのファンが集うボールパーク

　球団創立の翌年には、公式戦1戦目で初勝利という幸先の良いスタートを切るが、翌日には、2リーグ制の歴史が始まって以来の最大得点差である0対26で黒星。まさに波瀾万丈の幕開けとなり、1年目は38勝97敗1分という成績で終えた。しかし、2009年にはリーグ2位となり、2013年にはリーグとともに日本シリーズも制覇。球団創立9年目にして日本一を達成した。東日本大震災の余波も残っていた当時、東北球団の日本一は人々に大きな勇気を与え、仙台市内で行われたパレードには21万人を超える人が集まり、経済波及効果は270億円を上回ったという。東日本大震災を風化させない活動も行う楽天イーグルスは、現在は東北を代表するスポーツチームに成長した。

仙台育英の優勝で
白河の関を越えた優勝旗

　宮城県は高校野球においても、全国区の知名度を持つ強豪校がある。いずれも仙台の仙台育英学園高等学校（以下、仙台育英）と東北高等学校（以下、東北）だ。2023年4月現在、両校の甲子園出場回数は、仙台育英が春15回（うち1回は新型コロナで中止）、夏29回、一方の東北が春20回、夏22回。夏の甲子園

＊　大阪近鉄バファローズとオリックス・ブルーウェーブの合併問題。一時は1リーグ制への移行も検討されたが、最終的には12球団2リーグ制の維持が図られた

大会に限れば、昭和53年（1978）に1県1代表となってから、この2校以外に甲子園に出場したのは7校のみという、まさに2強状態。多くのメジャーリーガーやプロ野球選手を輩出するこの2校は、宮城県の高校野球界のけん引役でもある。近年では、利府高校（宮城郡）、東北学院高校（仙台市）、古川工業高校（大崎市）などが打倒仙台育英・東北を目標に、しのぎを削っているようだ。

ところで、東北地方の高校野球ファンにとっては、優勝旗の「白河の関越え」が長年の悲願だった。白河の関とは、現在の福島県白河市にあった古代の関所。松尾芭蕉が『おくのほそ道』で「白河の関にかかりて旅心定まりぬ」と詠んだことから、みちのくの玄関口とされてきた。高校野球の甲子園大会では

春・夏を含め、東北勢は100間以上にわたり、一度も優勝校を出していなかった。そのためいつの頃からか、優勝旗が白河の関を越えていないといわれるようになったのだ。2004年と2005年の夏の大会では、北海道の駒澤大学附属苫小牧高等学校が優勝旗を持ち帰ったが、これは空輸だったため、「陸路では越えてはいない」とする意見が根強かった。

2022年の第104回全国高校野球選手権大会では、仙台育英と聖光学院高等学校（福島）の東北勢どうしが準決勝を戦い、仙台育英が勝利。決勝戦では、仙台育英が下関国際高等学校（山口）を8対1で下し、東北勢初の甲子園制覇を決めた。これによって、優勝旗は選手たちとともに新幹線で宮城県に運ばれ、無事に陸路で白河の関を越えたのである。

東北楽天ゴールデンイーグルスの成績

年度	順位	勝利	敗戦	引分
平成17年（2005）	6	38	97	1
平成18年（2006）	6	47	85	4
平成19年（2007）	4	67	75	2
平成20年（2008）	5	65	76	3
平成21年（2009）	2	77	66	1
平成22年（2010）	6	62	79	3
平成23年（2011）	5	66	71	7
平成24年（2012）	4	67	67	10
平成25年（2013）	1	82	59	3
平成26年（2014）	6	64	80	0
平成27年（2015）	6	57	83	3
平成28年（2016）	5	62	78	3
平成29年（2017）	3	77	63	3
平成30年（2018）	6	58	82	3
令和元年（2019）	3	71	68	4
令和2年（2020）	4	55	57	8
令和3年（2021）	3	66	62	15
令和4年（2022）	4	69	71	3

宮城県の近年15年の甲子園出場校
※2023年4月現在

年度	春（選抜高等学校野球大会）		夏（全国高等学校野球選手権大会）	
	代表校	成績	代表校	成績
平成21年（2009）	利府	ベスト4	東北	3回戦敗退
平成22年（2010）	——		仙台育英	3回戦敗退
平成23年（2011）	東北	1回戦敗退	古川工	1回戦敗退
平成24年（2012）	石巻工	1回戦敗退	仙台育英	3回戦敗退
平成25年（2013）	仙台育英	ベスト8	仙台育英	2回戦敗退
平成26年（2014）	東陵	1回戦敗退	利府	2回戦敗退
平成27年（2015）	仙台育英	2回戦敗退	仙台育英	準優勝
平成28年（2016）	——		東北	1回戦敗退
平成29年（2017）	仙台育英	1回戦敗退	仙台育英	ベスト8
平成30年（2018）	——		仙台育英	2回戦敗退
令和元年（2019）			仙台育英	ベスト8
令和2年（2020）	仙台育英	中止	仙台育英	交流試合
令和3年（2021）	仙台育英	ベスト8	東北学院	2回戦敗退
	柴田	1回戦敗退		
令和4年（2022）	——		仙台育英	優勝
令和5年（2023）	仙台育英	ベスト8		
	東北	1回戦敗退		

江戸時代からあった仙台の初売り文化

百貨店や家電量販店の初売りに並ぶ全国各地の行列は、正月の風物詩であるが、仙台市の「仙台初売り」が、江戸時代から続く由緒ある伝統行事だということは全国的に知られていないかもしれない。

仙台初売りの起源は、戦国時代にまでさかのぼる。伊達政宗の父である伊達輝宗が、政宗のために正月の行事を書き残した『正月仕置之事』には、「2日は買い初めで、米や塩、あめ、おこし米を買う」と記述されており、約400年前に初売りが行われていたことを示している。また、嘉永2年（1849）に出版された『仙臺年中行事大意』にも「一日中、値段の高い安いに関係なく、買ってくれた人に景品を出すのが慣わしである」という初売りに関する内容の記載があることから、仙台は初売り発祥の地とされている。

仙台初売りは1月2日から行われ、商品を購入した客に景品を付けるのが伝統である。現在は、一般的な初売りと同じように、バーゲンセールや福袋の販売などが主流になっているが、今でも購入客に景品を渡す店舗も多く、とくに老舗のお茶販売店が豪華な景品入りの茶箱を渡す様子は、仙台初売りを象徴する光景として知られている。

かつて、こうした過度な景品をつける販売方法は、景品表示法に抵触するのではないかと疑義が生じたことがあった。しかし、昭和52年（1977）に公正取引委員会は、仙台初売りは伝統行事であるという点から、特例として正月の3日間限定でこの販売方法を認めた。

全国でも例を見ない仙台初売りは、仙台都市圏の住民にとっては年始最大の関心事の一つである。1月2日の明け方には仙台行きの臨時列車が運行したり、前日からテントを張って並ぶ人が出たりするほどの人気ぶり。新春の仙台に出かけ、仙台商人の心意気の現れといわれる、この伝統行事を体験してはいかがだろう。

家庭科のコラム

法も認めた伝統行事
仙台初売り

▲仙台初売りで賑わう、仙台中心部のアーケード街。2日は朝から行列ができる店舗が多い

◀初売りで賑わう店舗の様子。福袋やお買い得な商品券などが販売される

◀仙台初売りのイメージキャラクターは、商売繁盛の福の神として知られる仙台四郎（☞P108）

算数

統計…P134

現在の宮城県
人口と世帯数、
面積

宮城県 (2023年1月末現在)

人口	225万5300人
世帯数	103万5607
面積	7282.29㎢＊ (2022年10月現在)

気仙沼市 ⑧
栗原市 ⑮
南三陸町 ㊴
登米市 ⑭
大崎市 ⑰
加美町 ㉟
涌谷町 ㊱
色麻町 ㉞
美里町 ㊲
石巻市 ⑥
大衡村 ㉝
大郷町 ㉜
女川町 ㊳
大和町 ㉛
東松島市 ⑯
松島町 ㉘
泉区 ⑤
富谷市 ⑱
利府町 ㉚
塩竈市 ⑦
青葉区 ①
多賀城市 ⑫
七ヶ浜町 ㉙
宮城野区 ②
川崎町 ㉔
太白区 ④
若林区 ③
①〜⑤ 仙台市
名取市 ⑩
村田町 ㉒
岩沼市 ⑬
蔵王町 ⑲
柴田町 ㉓
大河原町 ㉑
亘理町 ㉖
角田市 ⑪
七ヶ宿町 ⑳
白石市 ⑨
山元町 ㉗
丸森町 ㉕

0　10km

宮城県は、平成11年（1999）には71の自治体があったが、平成の大合併を経て2009年には35市町村からなる現在の姿になった。三陸、県北、仙台・松島、県南の4エリアで構成されているが、人口は仙台市に一極集中している。

（データについての注釈）
人口・世帯数は2023年1月末現在の「住民基本台帳人口及び世帯数」より
面積は国土交通省国土地理院公表の「令和4年全国都道府県市区町村別面積調」より

仙台市	❽気仙沼市	⓰東松島市	㉔川崎町	㉜大郷町
人口 106万6898人	人口 5万8820人	人口 3万8865人	人口 8261人	人口 7728人
世帯数 53万7486	世帯数 2万6183	世帯数 1万6541	世帯数 3391	世帯数 2900
面積 786.35㎢	面積 332.44㎢	面積 101.30㎢	面積 270.77㎢*	面積 82.01㎢
❶青葉区	❾白石市	⓱大崎市	㉕丸森町	㉝大衡村
人口 29万5131人	人口 3万1870人	人口 12万5258人	人口 1万2152人	人口 5637人
世帯数 15万8396	世帯数 1万4116	世帯数 5万2727	世帯数 4909	世帯数 2095
面積 302.24㎢	面積 286.48㎢	面積 796.81㎢	面積 273.30㎢	面積 60.32㎢
❷宮城野区	❿名取市	⓲富谷市	㉖亘理町	㉞色麻町
人口 18万9264人	人口 7万9613人	人口 5万2398人	人口 3万3215人	人口 6396人
世帯数 9万7479	世帯数 3万2881	世帯数 2万206	世帯数 1万3185	世帯数 2083
面積 58.25㎢	面積 98.18㎢	面積 49.18㎢	面積 73.60㎢	面積 109.28㎢
❸若林区	⓫角田市	⓳蔵王町	㉗山元町	㉟加美町
人口 13万7917人	人口 2万7240人	人口 1万1250人	人口 1万1702人	人口 2万1739人
世帯数 7万362	世帯数 1万1443	世帯数 4549	世帯数 4813	世帯数 8240
面積 50.86㎢	面積 147.53㎢	面積 152.83㎢*	面積 64.58㎢	面積 460.67㎢
❹太白区	⓬多賀城市	⓴七ヶ宿町	㉘松島町	㊱涌谷町
人口 23万4415人	人口 6万2204人	人口 1261人	人口 1万3302人	人口 1万4905人
世帯数 11万3063	世帯数 2万8080	世帯数 618	世帯数 5712	世帯数 5991
面積 228.39㎢	面積 19.69㎢	面積 263.09㎢	面積 53.56㎢	面積 82.16㎢
❺泉区	⓭岩沼市	㉑大河原町	㉙七ヶ浜町	㊲美里町
人口 21万171人	人口 4万3593人	人口 2万3574人	人口 1万7996人	人口 2万3472人
世帯数 9万8186	世帯数 1万8662	世帯数 1万304	世帯数 6846	世帯数 9295
面積 146.61㎢	面積 60.45㎢	面積 24.99㎢	面積 13.19㎢	面積 74.99㎢
❻石巻市	⓮登米市	㉒村田町	㉚利府町	㊳女川町
人口 13万6591人	人口 7万4653人	人口 1万220人	人口 3万5969人	人口 5964人
世帯数 6万2195	世帯数 2万7200	世帯数 4075	世帯数 1万4040	世帯数 3012
面積 554.55㎢	面積 536.09㎢	面積 78.38㎢	面積 44.89㎢	面積 65.35㎢
❼塩竈市	⓯栗原市	㉓柴田町	㉛大和町	㊴南三陸町
人口 5万2398人	人口 6万3143人	人口 3万6910人	人口 2万8147人	人口 1万1956人
世帯数 2万3990	世帯数 2万4881	世帯数 1万6239	世帯数 1万2280	世帯数 4439
面積 17.37㎢	面積 805.00㎢	面積 54.03㎢	面積 225.49㎢	面積 163.40㎢

大正時代～令和の宮城県の人口推移と現在の年齢別人口

宮城県の人口は、2003年の237万1683人がピークだった。東日本大震災の復興需要の影響で微増した年もあったが、近年は減少傾向にある。県内においては、仙台市を中心とした仙台都市圏の人口は増加しているが、そ

れ以外の地域、とくに沿岸部の人口減少が著しい。県の人口ピラミッドは、少子高齢化の典型である壺形だが、仙台市については、20代～30代前半と50代の2つの山があるひょうたん型である。

宮城県の人口推移
「国勢調査」「宮城県推計人口の推移」「宮城県住民基本台帳人口及び世帯数の推移」より

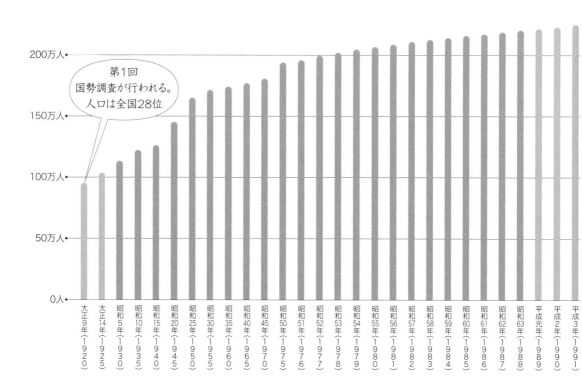

第1回国勢調査が行われる。人口は全国28位

250万人
200万人
150万人
100万人
50万人
0人

大正9年（1920）
大正14年（1925）
昭和5年（1930）
昭和10年（1935）
昭和15年（1940）
昭和20年（1945）
昭和25年（1950）
昭和30年（1955）
昭和35年（1960）
昭和40年（1965）
昭和45年（1970）
昭和50年（1975）
昭和51年（1976）
昭和52年（1977）
昭和53年（1978）
昭和54年（1979）
昭和55年（1980）
昭和56年（1981）
昭和57年（1982）
昭和58年（1983）
昭和59年（1984）
昭和60年（1985）
昭和61年（1986）
昭和62年（1987）
昭和63年（1988）
平成元年（1989）
平成2年（1990）
平成3年（1991）

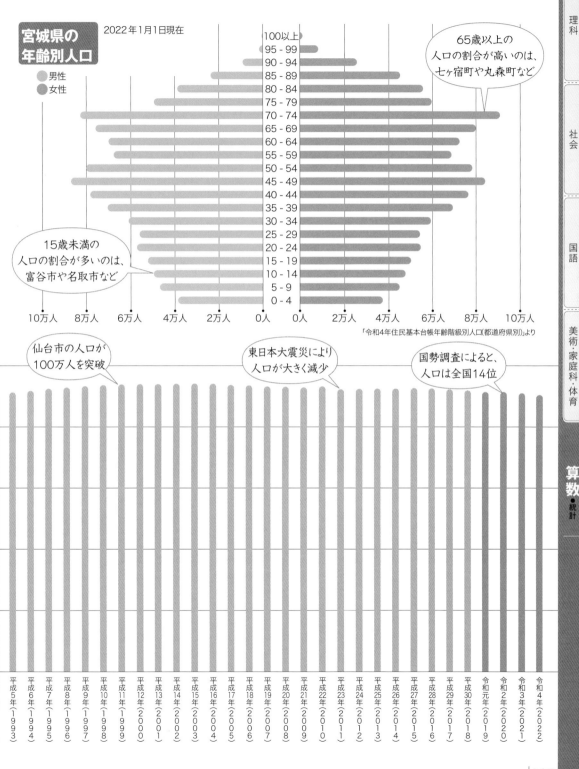

宮城県の
年齢別人口

2022年1月1日現在

65歳以上の
人口の割合が高いのは、
七ヶ宿町や丸森町など

● 男性
● 女性

15歳未満の
人口の割合が多いのは、
富谷市や名取市など

100以上
95 - 99
90 - 94
85 - 89
80 - 84
75 - 79
70 - 74
65 - 69
60 - 64
55 - 59
50 - 54
45 - 49
40 - 44
35 - 39
30 - 34
25 - 29
20 - 24
15 - 19
10 - 14
5 - 9
0 - 4

10万人　8万人　6万人　4万人　2万人　0人　　0人　2万人　4万人　6万人　8万人　10万人

「令和4年住民基本台帳年齢階級別人口(都道府県別)」より

仙台市の人口が
100万人を突破

東日本大震災により
人口が大きく減少

国勢調査によると、
人口は全国14位

平成4年(1992)
平成5年(1993)
平成6年(1994)
平成7年(1995)
平成8年(1996)
平成9年(1997)
平成10年(1998)
平成11年(1999)
平成12年(2000)
平成13年(2001)
平成14年(2002)
平成15年(2003)
平成16年(2004)
平成17年(2005)
平成18年(2006)
平成19年(2007)
平成20年(2008)
平成21年(2009)
平成22年(2010)
平成23年(2011)
平成24年(2012)
平成25年(2013)
平成26年(2014)
平成27年(2015)
平成28年(2016)
平成29年(2017)
平成30年(2018)
令和元年(2019)
令和2年(2020)
令和3年(2021)
令和4年(2022)

宮城県の市町村の地価

　政令指定都市の各区、その他の市町村の地価公示価格の最高値の一覧。2022年の調査結果では、県全体における全用途の平均変動率は10年連続で上昇した。しかし、地域別に見ると、上昇したのは仙台市と仙台市周辺市町村*のみで、その他の地域では下落している。

地価公示価格とは
国土交通省の土地鑑定委員会が地域の標準的な地点（標準地）を選定し、毎年1月1日時点の正常な価格として公表。宮城県には575の標準地がある。

各市町村の地価公示価格最高値一覧

市町村名	区名	所在地	1㎡あたりの価格
仙台市	青葉区	中央1丁目	428万円
	宮城野区	榴岡4丁目	98万5000円
	若林区	新寺1丁目	70万円
	太白区	長町南1丁目	34万円
	泉区	泉中央4丁目	36万5000円
石巻市		恵み野1丁目	7万6700円
塩竈市		海岸通	5万4900円
気仙沼市		魚町2丁目	5万円
白石市		字沢目	3万4600円
名取市		杜せきのした5丁目	11万5000円
角田市		角田字町	2万5500円
多賀城市		中央2丁目	9万2000円
岩沼市		たけくま2丁目	8万4000円

市町村名	所在地	1㎡あたりの価格
登米市	迫町佐沼字江合1丁目	3万700円
栗原市	築館宮野中央1丁目	2万9200円
東松島市	矢本字下浦	4万5000円
大崎市	古川駅前大通2丁目	5万7400円
富谷市	明石台1丁目	7万3300円
蔵王町	遠刈田温泉寿町	1万9300円
大河原町	字新南	4万4000円
村田町	大字村田字大槻下	1万8500円
柴田町	船岡新栄2丁目／船岡中央1丁目	4万円
川崎町	大字前川字本町	1万5100円
丸森町	字鳥屋／字除	1万4200円
亘理町	字中町	3万6600円
山元町	浅生原字作田山	1万4000円

*　仙台市周辺市町村とは、塩竈市、名取市、多賀城市、岩沼市、富谷市、七ヶ浜町、利府町、大和町、大衡村の9市町村のこと

市町村名	所在地	1㎡あたりの価格
松島町	松島字町内	6万8000円
七ヶ浜町	汐見台3丁目	4万5500円
利府町	中央2丁目	7万3000円
大和町	もみじケ丘1丁目	5万8300円
大郷町	中村字原町	1万2400円
大衡村	ときわ台	2万7300円

市町村名	所在地	1㎡あたりの価格
加美町	字南町	2万3700円
涌谷町	字柳町	1万9200円
美里町	藤ケ崎1丁目	2万3300円
女川町	女川2丁目	3万400円
南三陸町	志津川字沼田	1万9400円

地点別順位

区分		第1位	第2位	第3位
価格順	住宅地	仙台市青葉区錦町1丁目 43万7000円	仙台市宮城野区小田原弓ノ町 43万3000円	仙台市青葉区上杉5丁目 37万4000円
	商業地	仙台市青葉区中央1丁目 428万円	仙台市青葉区一番町2丁目 281万円	仙台市青葉区中央2丁目 255万円
上昇率順	住宅地	富谷市ひより台2丁目 4万7500円（+13.1%）	富谷市太子堂1丁目 3万7800円（+12.8%）	大和町吉岡まほろば2丁目 4万9700円（+11.9%）
	商業地	仙台市青葉区春日町 46万7000円（+10.9%）	仙台市青葉区立町 44万5000円（+10.4%）	仙台市青葉区上杉2丁目 75万円（+8.7%）
下落率順	住宅地	大崎市鳴子温泉字新屋敷 1万7500円(-4.9%)	大崎市鳴子温泉字川渡 1万300円(-4.6%)	大崎市岩出山字浦小路 1万4200円(-4.1%)
	商業地	仙台市青葉区国分町2丁目 70万5000円(-5.4%)	大崎市鳴子温泉字湯元 2万3700円(-5.2%)	松島町松島字町内 6万8000円(-5.2%)

地域別・用途別平均変動率

地域	用途	住宅地	宅地見込地	商業地	工業地	全用途平均
県全体		+2.8%	+1.7%	+2.2%	+4.9%	+2.7%
仙台市		+4.4%	+4.2%	+4.2%	+9.3%	+4.4%
仙台市周辺市町村		+3.6%	+2.7%	+1.9%	+3.1%	+3.2%
その他の市町		-0.9%	-1.9%	-1.3%	-0.9%	-1.0%

主要参考文献(年代順)

神沼克伊著『地球科学者と巡るジオパーク日本列島』(丸善出版/2021年)

菅野正道著『伊達の国の物語 政宗からはじまる仙台藩二七〇年』(プレスアート/2021年)

ヤマザキマリ・名越康文・夏目房之介・宇野常寛著『別冊NHK100分de名著 果てしなき 石ノ森章太郎』(2021年/NHK出版)

高橋富雄著『陸奥伊達一族』(吉川弘文館/2018年)

奈倉哲三・保谷徹・箱石大編『戊辰戦争の新視点 上 世界・政治』(2018年/吉川弘文館)

宇都宮直子著『日本フィギュアスケートの軌跡－伊藤みどりから羽生結弦まで』(2017年/中央公論新社)

藤井一二著『大伴家持－波乱にみちた万葉歌人の生涯』(2017年/中央公論新社)

鐘江宏之著『大伴家持 氏族の「伝統」を背負う貴公子の苦悩』(2015年/山川出版社)

光田和伸監修『芭蕉と旅する「奥の細道」歩いたルート順に名句を味わう』(PHP文庫/2013年)

水谷憲二著『「朝敵」から見た戊辰戦争 桑名藩・会津藩の選択』(2012年/洋泉社)

井上ひさし著『四十一番の少年』新装版(文春文庫/2010年)

宇都宮直子著『フィギュアスケートに懸ける人々－なぜ、いつから、日本は強くなったのか』(2010年/小学館)

小野寛編著『万葉集をつくった大伴家持大事典』(2010年/笠間書院)

呉地正行著・山口達也絵『いのちにぎわうふゆみずたんぼ』(2010年/童心社)

渡辺信夫・今泉隆雄・大石直正・難波信雄著《新版県史》4.宮城県の歴史』(山川出版社/2010年)

新・歴史群像シリーズ19『伊達政宗 奥州より天下を睨む独眼龍』(学習研究社/2009年)

井上ひさし著『青葉繁れる』新装版(文春文庫/2008年)

大泉光一著『捏造された慶長遣欧使節記 間違いだらけの「支倉常長」論考』(2008年/雄山閣)

会田容弘著『松島湾の縄文カレンダー・里浜貝塚』(新泉社/2007年)

田中英道著『支倉常長 武士、ローマを行進す』(2007年/ミネルヴァ書房)

五野井隆史著『支倉常長』(2003年/吉川弘文館)

桐原良光著『井上ひさし伝』(白水社/2001年)

大泉光一著『支倉常長 慶長遣欧使節の悲劇』(1999年/中央公論新社)

石ノ森章太郎著『石ノ森章太郎の青春』(1998年/小学館)

『別冊歴史読本ビジュアル版 イラストでみる戊辰戦争』(1988年/新人物往来社)

土井晩翠顕彰会編『土井晩翠－栄光とその生涯』(宝文堂/1984年)

高橋由貴彦著『ローマへの遠い旅 慶長使節支倉常長の足跡』(1981年/講談社)

七宮涬三著『みちのく蘭学事始 大槻玄沢とその時代』(1977年/新人物往来社)

宮城県史編纂委員会編『宮城県史 15博物－動物植物 巨樹名木 地質化石－』(1956年/宮城県史刊行会)

主要参考ホームページ（五十音順）

青葉城本丸会館…https://honmarukaikan.com/
イーグルスファン通信…https://rakuteneagles-fun.com/
井上ひさし公式サイト…https://www.inouehisashi.jp/
奥松島縄文村歴史資料館…http://www.satohama-jomon.jp/
環境省 三陸復興国立公園…https://www.env.go.jp/park/sanriku/
経済産業省 東北経済産業局…https://www.tohoku.meti.go.jp/
国土交通省 東北地方整備局 塩釜港湾・空港整備事務所…https://www.pa.thr.mlit.go.jp/shiogama/
国土交通省 水の郷百選 宮城県石巻市…https://www.mlit.go.jp/tochimizushigen/mizsei/mizusato/shichoson/tohoku/ishinomaki.htm
産業技術総合研究所地質調査総合センター・地質標本館…https://www.gsj.jp/Muse/
サン・ファン館 宮城県慶長使節船ミュージアム…https://www.santjuan.or.jp/
三陸ジオパーク…https://sanriku-geo.com/
JA全農みやぎ…https://www.zennoh.or.jp/mg/
JFみやぎ 宮城県漁業協同組合…https://www.jf-miyagi.com/
しろいし観光ナビ…https://shiroishi-navi.jp/
白石城・歴史探訪ミュージアム・武家屋敷…http://www.shiro-f.jp/shiroishijo/
しろいし旅カタログ…https://shiroishi.ne.jp/
志波彦神社・鹽竈神社…http://www.shiogamajinja.jp/
仙台牛タウン…http://www.gyutown.com/
仙台市 四ツ谷用水再発見事業…http://www.city.sendai.jp/kankyokehatsu/kurashi/machi/kankyohozen/mizukankyo/hakken/
せんだい旅日和…https://www.sentabi.jp
仙台文学館…https://www.sendai-lit.jp/about/inoue
体験！発見！松島湾…https://hands-on.sendai-matsushima.com/
地球活動を三陸で学ぼう 三陸ジオBOOK…http://digibook.safekeeping.jp/geo/book.pdf
東北観光推進機構 旅東北…https://www.tohokukanko.jp/
東北大学総合学術博物館・ウタツギョリュウ…http://www.museum.tohoku.ac.jp/pdf/press_info/news_letter/omnividens_no41.pdf
東北大学総合学術博物館・東北地方の地形と地質…http://www.museum.tohoku.ac.jp/exhibition_info/kikaku/ocean_drilling/chapterA2/index.html
東北地質調査業協会・宮城県の地質…https://tohoku-geo.ne.jp/information/daichi/img/51/03.pdf
日本遺産 ポータルサイト…https://japan-heritage.bunka.go.jp/ja/
野蒜築港ファンクラブ…http://nobiru-fc.sakura.ne.jp/
広瀬川ホームページ 広瀬川流域に見られる化石…https://www.hirosegawa-net.com/?p=748
政宗が育んだ"伊達"な文化…http://datebunka.jp/
みちのくGOLD浪漫…https://jp.tohoku-golden-route.com/
南三陸町 VIRTUAL MUSEUM…https://www.town.minamisanriku.miyagi.jp/museum/
宮城県考古学会…https://www.m-kouko.net/
宮城県多賀城跡調査研究所…https://www.thm.pref.miyagi.jp/kenkyusyo/
宮城県 みやぎの湖沼と土木施設／ラムサール条約湿地…https://www.pref.miyagi.jp/soshiki/et-tmdbk/landm-ramsararea.html
宮城県 みやぎの自然…https://www.pref.miyagi.jp/documents/4477/780759.pdf
宮城県 みやぎ復興のたび…https://www.pref.miyagi.jp/site/fukkounotabi/
みやぎ蔵王こけし館…http://www.kokeshizao.com/
吉野作造記念館…https://www.yoshinosakuzou.info/
わくや万葉の里 天平ろまん館…http://www.tenpyou.jp/

ほか、各区市町村や観光協会のホームページ

索引

大人のための 地元再発見 シリーズ

Miyagi

宮城の教科書

2023年5月15日初版印刷
2023年6月1日初版発行

編集人…田中美穂
発行人…盛崎宏行

●発行所
JTBパブリッシング
〒135-8165 東京都江東区豊洲5-6-36
豊洲プライムスクエア11階

●企画・編集
情報メディア編集部
内山弘美

●編集・執筆
エイジャ(小野正恵、笹沢隆徳、佐藤未来、新間健介)
桐生典子
河合桃子

●歴史監修
河合 敦(多摩大学客員教授)

●写真・資料・編集協力
空撮 エアロ工房(尾関弘次)
Aflo
Amana images
PIXTA
photolibrary
関係各施設・市町村

●地図制作
アトリエ・プラン

●仙台城下鳥瞰図
ジェオ
イラスト／黒澤達矢
地図協力(出典元)／「新・歴史群像シリーズ⑲伊達政宗」(学習研究社)

●アートディレクション・表紙デザイン
川口デザイン 川口繁治郎

●本文デザイン
川口デザイン
オフィス鐵

●印刷
佐川印刷

●本書に掲載している歴史事項や年代、由来は諸説ある場合があります。
本書の中で登場する図版やイラストは、事柄の雰囲気を伝えるもので、
必ずしも厳密なものではありません。

JTBパブリッシング お問合せ
編集内容や、商品の乱丁・落丁のお問合せはこちら
https://jtbpublishing.co.jp/contact/service/